ROCK DEMERS PRÉSENTE

CONTES POUR TOUS

LA GUERRE DES TUQUES

De Roger Cantin

Jeunesse

Simon-les-nuages, roman, Éditions du Boréal, 1990.
Prix du jeune public « catégorie roman jeunesse » Salon du livre de Montréal.

L'assassin jouait du trombone, roman, Éditions du Boréal, 1990.

Matusalem, roman, Éditions du Boréal, 1993.

La Vengeance de la femme en noir, roman, Éditions du Boréal, 1996.

Matusalem II - Le dernier des Beauchesne, roman, Éditions du Boréal, 1997.

Le Trésor maudit, roman jeunesse interactif publié à compte d'auteur sur Internet, www.kiss.qc.ca, 1997-1998.

Le Voyage d'Ulysse, scénario de long-métrage publié à compte d'auteur sur Internet, www.kiss.qc.ca, 1998-1999.

La Forteresse suspendue, roman, coll. «Contes pour tous»; 17, Éditions Québec Amérique, 2001.

LA GUERRE DES TUQUES

DANYÈLE PATENAUDE
ROGER CANTIN

ROMAN

1

QUÉBEC AMÉRIQUE Jeunesse

Catalogage avant publication de Bibliothèque et Archives Canada

Cantin, Roger
La Guerre des tuques : roman
(Collection Jeunesse-romans)
ISBN 2-89037-220-0
I. Godbout, Réal. II. Patenaude, Danyèle. III. Titre. IV. Collection : Collection Jeunesse/romans.

PS8555.A554G83 2003 jC843'.54 C85-010089-5
PS9555.A554G83 2003
PZ23.C36Gu 2003

Conseil des Arts du Canada Canada Council for the Arts

SODEC Québec

Nous reconnaissons l'aide financière du gouvernement du Canada par l'entremise du Programme d'aide au développement de l'industrie de l'édition (PADIÉ) pour nos activités d'édition.

Gouvernement du Québec – Programme de crédit d'impôt pour l'édition de livres – Gestion SODEC.

Les Éditions Québec Amérique bénéficient du programme de subvention globale du Conseil des Arts du Canada. Elles tiennent également à remercier la SODEC pour son appui financier.

Québec Amérique
329, rue de la Commune Ouest, 3e étage
Montréal (Québec) H2Y 2E1
Téléphone : (514) 499-3000, télécopieur : (514) 499-3010

Ventes internationales :
Éditions La Fête
387, rue St-Paul Ouest
Montréal (Québec) Canada H2Y 2A7
Téléphone : (514) 848-0417, télécopieur : (514) 848-0064
www.lafete.com

Dépôt légal : 3e trimestre 1984
Bibliothèque nationale du Québec
Bibliothèque nationale du Canada
Réimpression : mars 2005

www.quebec-amerique.com

Remerciements

Nous remercions André Melançon de sa précieuse collaboration lors de la rédaction du scénario de la « Guerre des tuques » et aussi Louise Rinfret, Sylvie Dauphin, et l'Atelier de traitement des mots Leduc Inc. pour l'aide apportée à l'écriture de ce livre.

PRINCIPAUX PERSONNAGES DE CETTE AVENTURE

Sophie

C'est une fille décidée. Elle sait s'affirmer. Alors, même si elle est nouvellement arrivée au village, elle ne se gêne pas pour influencer drôlement la « Guerre des tuques » et déranger les habitudes des garçons.

Luc

C'est le « Chef ». Du moins, c'est ce qu'il veut être. Il organise le jeu pour être certain d'en tirer avantage, mais il n'avait pas prévu l'intervention de Sophie.

Pierre

Il est le voisin de Sophie. Il est d'un caractère doux et tolérant. Son meilleur ami est sa chienne Cléo.

Cléo

De son côté, lui cause bien des soucis. La grosse bête est vraiment bornée et réussit tout le temps à s'attirer des ennuis.

Jean-Louis

Il soupçonne constamment Luc de préparer des manigances. Mais il se fait quand même toujours prendre par elles.

François

Il est d'origine vietnamienne et sera un jour un grand architecte. Déjà, il n'arrête pas d'imaginer des plans compliqués qui serviront enfin grâce à la « Guerre des tuques ».

Lucie

La jeune sœur de Sophie. Elle n'a peur de rien, comme sa grande sœur. Et puis elle sait taquiner tout le monde de ses remarques d'une logique sans appel.

Ti-Guy-La-Lune

Lui, il est contre la guerre de boules de neige ou n'importe quelle autre hostilité. C'est l'enfant poète.

Ti-Jacques

Il n'a pas beaucoup d'assurance, alors il imite son héros, Luc.

France

La sœur de Ti-Jacques, ne se laisse pas marcher sur les pieds. Elle voudrait bien que son frère en fasse autant.

Maranda

Ses parents sont les plus riches du village et ils le gâtent de tous les jouets imaginables. Au bout du compte, ce n'est pas ça qui le rend heureux.

Chabot

Pour lui, la vie n'est pas compliquée, il n'aime pas l'école ; il aime jouer et c'est tout.

CHAPITRE 1

C'est la nuit. Endormi au creux de sa vallée, le village repose sous la neige. Il n'y a pas de vent, et la lune commence à luire au travers des nuages qui se dissipent lentement.

Luc est couché sur le dos, les mains derrière la tête, les yeux grands ouverts. Il attend, il écoute... pas un bruit dans la maison. Luc semble satisfait. Il se soulève à demi dans son lit et tend l'oreille pour plus de certitude.

La lumière qui entre par la fenêtre éclaire ses cheveux blonds, son visage jeune et déterminé... Surtout qu'il a l'air de mijoter une action à la James Bond.

Ça y est, il est maintenant convaincu que tout le monde dort. Il peut y aller.

Prenant une lampe de poche cachée sous son oreiller, Luc se lève tout doucement sans faire craquer le lit. Il sort de sa chambre à pas de loup, s'arrête devant la porte entrebâillée de la chambre voisine. Aux aguets, il risque un coup d'œil sans rien voir dans la pénombre. Un ronflement le rassure... il avance rapidement, sur la pointe des pieds.

Le plus difficile est passé, pense-t-il, mais il doit encore monter les marches de l'escalier menant au grenier. En longeant le mur, il évite de les faire craquer. Devant la trappe, Luc allume sa lampe de poche pour repérer le loquet qu'il fait glisser avec précaution.

Il ne lui reste plus qu'à soulever la trappe. Malheur ! Les charnières émettent une lamentation grinçante l'immobilisant, les bras en l'air. Pire encore ! Des pas viennent dans le corridor. Luc se croit découvert et s'imagine déjà essayant d'expliquer sa présence là, si tard dans la nuit.

Encore chancelant de sommeil, son père passe au bas de l'escalier. Il s'arrête juste sous le garçon figé dans sa position inconfortable et... lui tourne le dos pour entrer dans la salle de toilette. Luc respire ! Son père ne l'a pas vu, mais en revenant, il l'apercevra sûrement. Luc essaie de nouveau de soulever la trappe : rien à faire, il a beau y mettre toute la délicatesse possible, ces satanées charnières menacent à tout moment d'émettre un grincement dénonciateur.

Comme cela lui arrive souvent dans les situations désespérées, une idée lui vient alors. Il se ramasse sur lui-même, prêt à une action rapide.

Dès que le bruit de la chasse d'eau retentit, il soulève la trappe et bondit dans le grenier. Puis il la referme rapidement, les grincements étant noyés dans le gargouillis des toilettes.

Son cœur bat à grands coups et ses tempes se gonflent à en éclater, mais Luc est heureux. Quelle sensation, quelle émotion et quel plaisir aussi ! Il aspire une grande bouffée d'air, soupire profondément. Et, son calme retrouvé, rallume sa lampe de poche pour en promener le faisceau sur les objets hétéroclites entassés dans le grenicr. De vieux meubles, des boîtes poussiéreuses, le mannequin d'osier qui a servi à confectionner tant de robes ; puis des jouets brisés, des rouleaux de papier peint et encore tant de ces choses aux noms oubliés à force de baigner dans la pénombre perpétuelle du grenier.

Luc s'extirpe avec peine de sa contemplation. Il se refait une expression toute sérieuse en s'approchant d'un coin où tout est mieux rangé avec, juste au-dessus, un grand tableau suspendu à une poutre.

On y voit un homme debout et revêtu d'un étrange habit militaire, qu'il porte avec beaucoup de prestance. Une grande moustache souligne l'allure austère et solennelle de ce personnage d'une autre époque. C'est son grand-père. Secrètement, Luc a fait de lui une sorte de héros mythique, inventant autour de chaque objet lui ayant appartenu des histoires fantastiques. Mais aujourd'hui, Luc a de plus en plus le goût de vivre de vraies aventures, ses aventures à lui.

Un petit coffret est déposé sur une caisse. Luc s'approche et l'ouvre. Il y trouve un sac de velours enveloppant un objet métallique, de forme irrégulière. Il le prend avec révérence et ouvre partiellement le sac ; aussitôt son visage s'illumine, son regard brille.

Rapidement, le sac de velours sous le bras, il retourne sans bruit vers la trappe. Il se penche et chuchote à l'intention des charnières : « Vous autres, mes grinceuses, j'vais vous régler votre cas. » Il crache sur elles... puis frotte la salive pour la faire pénétrer dans les charnières. Ainsi, il peut sortir en silence.

CHAPITRE 2

Le lendemain matin, le village est submergé par la bordée de neige tombée la veille. Les adultes s'affairent à l'enlever, outillés de tout un appareillage moderne, tracteurs, souffleuses, charrues et même, s'il le faut, à la pelle. On s'active en maugréant, en maudissant ce climat qui occasionne tout ce travail et tant de soucis.

De leur côté, les jeunes du village, assis aux pupitres de l'école, rêvent aux mille jeux auxquels les invite cette belle neige toute fraîche, encore folle. Ah ! comme ils envient les adultes ! Ces chanceux passent la matinée dehors, tandis qu'eux doivent rester assis sagement sur leurs bancs !

Heureusement, c'est le dernier avant-midi de classe avant les vacances de Noël.

On aurait pu le deviner, juste à sentir l'impatience, la bonne humeur et la nervosité de chacun. Aussi les enseignants ont-ils demandé aux élèves de venir tour à tour présenter un objet à la classe... L'objet qui pour chacun est le « plus précieux ».

L'idée était bonne. Elle pouvait calmer la fièvre des vacances, tout en les préparant, puisque, à travers cet objet, chacun présente un peu ce qu'il entend faire durant son congé.

Dans sa classe, Luc étonne par son calme. Il se contente de regarder distraitement ceux qui font leur exposé. Le sac de velours noir est précieusement déposé sur son pupitre. À travers le tissu, il en tâte délicatement le contenu.

Évidemment, ce comportement bien mystérieux attire l'attention d'un peu tout le monde, Luc le sait bien. Ça ne lui déplaît pas, c'est peut-être même ce qu'il cherche...

— C'est quoi, Luc ?! Envoye, montre-le-moi juste un peu ! demande Maranda, intrigué et anxieux à la fois. Lui, ses parents plus fortunés lui offrent toujours les jouets les plus modernes, les plus impressionnants. Il se fait une fierté de dominer ses amis en ce domaine. Ce que Luc cache dans son sac l'inquiète un peu. Déjà, il l'envie. Il aime toujours mieux les jouets qu'il n'a pas !

— Envoye Luc, c'est quoi ? supplie encore Maranda.

Luc reste inébranlable. Il attend le bon moment... Le temps passe. C'est maintenant François, un jeune Vietnamien, qui vient déposer une monumentale maquette sur le bureau de l'enseignant. Puis avec enthousiasme, il parle et parle et parle vite, toujours plus vite.

On l'écoute un peu. On est habitué à ses exposés sur les châteaux forts du Moyen Âge. Ils sont trop « techniques », alors ils flottent au-dessus de la tête de chacun et n'intéressent plus personne.

À part Chabot, qui profite du flot ininterrompu de paroles pour croquer du popcorn en cachette. Généreux, il en offre à Pierre, son voisin de pupitre. Mais Pierre est dans la lune. Il pense à Cléo, son gros « épais de chien », qui à cette heure doit l'attendre dans la cour de récréation. Oubliant qu'il est en classe, Pierre se lève et va regarder par la fenêtre. Cléo est bien là, assise à l'entrée du terrain de l'école. Pierre va lui faire un signe de la main, puis, se rappelant où il est, il grimace une moue coupable et retourne s'asseoir.

François est intarissable, il faut l'interrompre... pour faire place au suivant. Le jeune Vietnamien retourne à sa place, l'air insulté, les bras encombrés de ses plans et de sa maquette. C'est le tour de Luc. L'agitation gagne la classe. Tous les regards se tournent vers lui. Il fait semblant de ne pas

François dessinant les plans du château fort

s'en préoccuper et se lève, essayant de dissimuler un sourire d'aise.

— Tu tenais absolument à passer le dernier, Luc... Viens, on t'écoute, lui dit l'enseignant.

Un murmure parcourt la classe. Luc est à l'avant, tous l'observent, attentifs, pressés de savoir enfin ce que cache ce curieux sac de velours. Il n'y a que Jean-Louis qui fait exception, les bras croisés, il prend son mal en patience. C'est que, sans trop savoir pourquoi, il a une dent contre Luc.

— Qu'est-ce qu'il va encore nous sortir, lui! articule-t-il difficilement entre ses mâchoires serrées.

Le suspense a atteint son paroxysme. Avec des gestes lents et solennels, Luc retire du sac... Tous les yeux s'arrondissent. Étonnement et silence. On se lève au fond de la classe, on s'avance vers Luc, qui sort du sac un magnifique clairon astiqué, rutilant, orné de rubans rouges et de pompons de soie tressée.

Pour montrer son habileté, Luc fait tournoyer l'instrument au-dessus de sa tête. Il ne peut plus se retenir de bouger tant son triomphe l'excite.

L'air un peu benêt, Chabot demande de sa grosse voix :

— C'est quoi ? ...

— C'est une trompette ! répond Maranda en connaisseur.

Agacé, Luc le reprend :

— Non, c'est un clairon. Comme dans l'armée !

On se presse autour de lui. Les questions, les exclamations fusent de toute part, et la bousculade commence un peu à l'inquiéter.

— Trompette ou clairon, il va encore nous casser les oreilles, lui ! s'écrie Jean-Louis au-dessus du brouhaha.

Luc l'entend, et lui décoche un regard de défi. Mais avant qu'il n'ait le temps de répliquer, un téméraire parvient à souffler dans le clairon, produisant un son strident et ridicule.

Interrompu, surpris, Luc arrache le clairon des lèvres de l'impudent. S'adressant à la ronde, il ordonne en fulminant :

— Que j'en voie pas un autre s'essayer !

Ce à quoi Jean-Louis rajoute aussitôt :

— Tiens ! Il se prend déjà pour un général !

CHAPITRE 3

Dehors, tout est paisible. Le concierge arrose la patinoire avec une lenteur méthodique. Cléo attend toujours sans bouger.

Soudain, elle se dresse sur ses pattes. Une rumeur unanime perce au travers des murs de l'école... Le bruit d'une cohue monte et grandit.

Bang ! Les portes s'écartent comme sous la poussée des hordes de Gengis Khan. Les écoliers se ruent à l'extérieur, lançant dans les airs sacs et tuques, criant :

— Vive les vacances ! Fini l'école !

Plus fortes que tout ce tumulte, les

notes aiguës et fausses du clairon retentissent comme pour mieux donner la charge.

Le concierge ne se retourne pas, froidement déterminé à ne pas se mêler à ce déchaînement de joie.

— Ils sont en vacances, ça me regarde plus, pense-t-il, mais qu'ils viennent pas mettre de neige sur la patinoire, par exemple !

À cet instant, son boyau, piétiné au passage, n'émet plus qu'un jet irrégulier, une sorte de crachotement grotesque.

Dès qu'elle voit Pierre, Cléo se précipite à contre-courant, pressée d'aller rejoindre son jeune maître. Au moment où la chienne passe derrière lui, Luc produit le « couac » le plus désagréable qui soit jamais sorti d'un clairon.

Cléo s'arrête net... Personne ne lui a jamais dit qu'un clairon n'est pas dangereux. Aussi s'imagine-t-elle que cet objet tapageur attaque Luc et, sans hésiter une seconde, Cléo saisit

à pleine gueule l'un des pompons qui pendent de l'instrument.

Horrifié de voir brusquement son clairon pris à partie, Luc tire de son côté et crie à la bête de lâcher prise. Cléo croit que Luc veut l'aider, elle gronde de plus belle et donne des coups de tête plus secs encore.

De désespoir et de colère, Luc parvient à chasser l'animal d'un bon coup de pied. Mal à l'aise jusque-là, Pierre essayait de calmer son bêta d'animal, mais il ne peut tout de même pas accepter le geste de Luc.

— Cléo a pas fait exprès ! T'as pas d'affaires à la frapper ! lance-t-il, ponctuant sa phrase d'une poussée sur l'épaule.

Luc lui remet sa poussée. Tout alors se passe très vite. Cléo revient essayer de s'en prendre aux pompons. Luc veut lui donner un autre coup de pied. Cléo se sauve. Luc va la poursuivre, mais Pierre l'en empêche. Les deux garçons s'empoignent avec vigueur. Ils se prennent par la tête et s'agrippent les cheveux réciproquement... si bien qu'ils sont tous deux immobilisés.

Dans la cour de récréation vide, ils ne sont que trois à assister à l'accrochage. Ti-Jacques, toujours en admiration devant Luc, s'inquiète avec nervosité :

— Aïe, ils vont se faire mal ! Faut les séparer, les gars !

Ni Chabot, grand amateur de bagarres, ni Jean-Louis n'interviennent. Ils attendent plutôt l'épuisement des adversaires, qui refusent de se laisser, chacun étant trop orgueilleux pour céder le premier.

Le concierge les a vus. Oubliant son principe de non-intervention, il se dirige vers eux. Ti-Jacques réclame avec plus d'ardeur :

— Lâchez-vous, les gars ! V'là le Bonhomme Laperle !

Oups ! on se sépare immédiatement, et les garçons quittent la cour d'école d'un pas pressé.

Le concierge retourne à sa patinoire, un sourire de satisfaction sur les lèvres, fier que sa réputation fasse encore de l'effet sans qu'il ait jamais vraiment à lever le petit doigt.

*

*   *

Pierre est d'une nature pacifique. Pendant que les cinq garçons marchent ensemble dans les rues du village, il ne dit mot, se contentant de retenir Cléo près de lui. Il reste encore un peu secoué de s'être bataillé avec Luc.

Luc aussi est affecté par cette chicane, mais il ne le laisse pas paraître. Il fanfaronne, claironne et joue au militaire en donnant des ordres que Chabot et Ti-Jacques exécutent aussitôt, s'amusant à faire les soldats. Ils foncent tantôt à gauche, tantôt à droite, attaquant un ennemi terrible et imaginaire, puis reviennent en riant marcher d'un pas cadencé autour du « Chef ».

Une idée lui vient. Une idée électrisante qui le survolte. Il s'arrête, bombarde les environs d'un TARA-TA-TA-TA, étonnamment réussi.

— Les gars, je sais ce qu'on va faire... on va se diviser en deux armées pour faire une grande bataille de boules de neige!

Puis il conclut par une autre sonnerie, mais si fausse celle-là qu'elle pousse Cléo à se cacher derrière un arbre.

Tout de suite Chabot déclare qu'il « embarque » parce que, lui, les batailles, il aime ça. Emballé lui aussi, Ti-Jacques dit :

— Puis toi, Luc, tu serais mon chef d'armée.

C'était bien l'intention de Luc. Qu'est-ce que ça donnerait de proposer un jeu de guerre s'il n'était pas à la tête d'un des clans ?

— Et même, pense-t-il, il vaudrait mieux que je m'arrange pour que ce soit moi qui gagne !

Pierre et Jean-Louis démontrent peu d'empressement à se rallier à son idée.

— Ça donnerait quoi ce jeu-là ? font-ils.

Ne pouvant certainement pas leur dire ce que lui attend de ce jeu-là, Luc y va d'une autre invention qu'il dévoile, un éclair dans les yeux, question de la rendre plus alléchante.

— Un butin de guerre ! Chaque soldat de chaque armée apporte quelque chose pour mettre dans un butin, puis les gagnants le gardent !

— Un butin comme dans une vraie guerre ! s'écrie Chabot au comble du ravissement.

Cette trouvaille parvient à rallier chacun. Pour faire bonne mesure, Luc ajoute qu'il pardonne à Cléo d'avoir abîmé son clairon. De son côté, Jean-Louis accepte l'idée, même s'il soupçonne encore une manigance de Luc.

La décision est prise. Pierre et Luc vont appeler les amis habitant sur leur côté de rue et, à deux heures précises, on se réunira à la vieille grange pour établir des règles de guerre, séparer les camps...

— À deux heures pile, insiste encore Luc, alors que les garçons tournent un coin de rue.

Ils aperçoivent à ce moment un petit fort tout chambranlant que deux jeunes enfants achèvent de construire. Spontanément, Luc crie et claironne.

— Un fort! Chargez! Tara-Tara-Tara!

Il se lance à l'assaut, Chabot et Ti-Jacques sur ses pas. Pierre et Jean-Louis ralentissent le pas et continuent leur chemin en observant la charge d'autant plus intrépide que ce fort ne peut offrir une grande résistance. En moins de deux, il retourne à l'état de banc de neige.

Les petits pleurent et ragent. L'un d'eux a bien voulu lancer une boule de neige, mais les grands sont passés si vite qu'ils étaient déjà dans son dos avant qu'il ne la décoche.

Debout sur les vestiges du fortin, Luc adopte la posture du conquérant: exubérant, il lève les bras en signe de triomphe.

— Hiii! on a gagné! on est les meilleurs!...

C'est alors qu'apparaît la mère des petits, alertée par tant de cris et de pleurs. Elle ne ménage pas ses mots à l'égard de ces mal élevés qui s'en prennent à plus petits qu'eux.

Pour Luc et ses acolytes, c'est le repli stratégique, honteux, pour ne pas dire la fuite. Mais Ti-Jacques, intimidé et repentant, n'ose partir.

— C'était juste pour jouer, Madame Sirois ! tente-t-il d'expliquer sans trop de conviction, tandis qu'il remet en place quelques blocs de neige et se fait consolant auprès des petits.

Satisfaite, Madame Sirois dit encore, en s'adressant au petit braillard qui ne cesse de s'époumoner :

— Martin ! Veux-tu arrêter de pleurer ! T'es plus un bébé !

Puis elle rentre.

Ti-Jacques en profite pour s'enfuir, sans oublier en partant de renverser d'un bon coup de pied les blocs qu'il venait à peine de replacer.

Déjà rendus devant la maison de Pierre, Luc et les autres regardent Ti-Jacques revenir vers eux, s'amusant de sa mésaventure.

— Ouais, vous êtes pas mal braves vous autres... avec les petits, prononce une voix dans leur dos, d'un ton sans équivoque.

Les garçons se retournent vivement : une fille de leur âge achève de chausser ses skis de randonnée en les regardant droit dans les yeux. Luc rompt un silence étonné :

— C'est qui, elle ?

Pierre explique que c'est sa nouvelle voisine, Sophie.

Comme la fille s'éloigne sur ses skis, Luc lui crie :

— Aïe, m'embarques-tu ?...

— Marche, ça déniaise ! se fait-il répliquer d'emblée.

Sans plus se préoccuper des garçons, elle disparaît au coin d'une maison. Luc reste abasourdi, même si on rit autour de lui. Jean-Louis surtout est ravi qu'il ait trouvé à qui parler.

— Bon, ben ça va faire ! laisse tomber sèchement un Luc offusqué. Que tout le monde soit au rendez-vous à deux heures « pile » !

Dès qu'il s'est un peu éloigné, Luc affiche une mine de jeune conspirateur pour reprendre à voix basse :

— C'est ça, à deux heures... pour vous autres !

CHAPITRE 4

Ce midi-là, les téléphones ne dérougissent pas d'appels enthousiastes.

Ainsi, dans la demeure des Leroux, le téléphone du corridor se met à sonner. Leroux arrive par la droite pour répondre :

— Allô !... Jean-Louis ?... Wow ! À deux heures, pas de problème !

Et il retourne sur ses pas.

À peine disparaît-il au bout du corridor que le téléphone sonne de nouveau. Leroux accourt, mais par l'autre extrémité du corridor cette fois. Comment a-t-il pu faire le tour de la maison si vite ?

— Pierre ? oui, wow ! — il écoute Pierre lui répéter le message et s'emballe tout autant... — Parfait, deux heures, ça marche ! Il repart d'où il est venu.

La sonnerie retentit pour la troisième fois. Accourant de chaque extrémité du corridor, deux Leroux aussi identiques que jumeaux viennent décrocher. Tous deux se collent au récepteur pour entendre Luc devancer le rendez-vous à une heure et quart.

— Ah bon ? T'es sûr ?

L'étonnement passé, tous deux affirment à l'unisson qu'ils seront là, sans faute.

À l'exception de Jean-Louis et de Pierre, tous les garçons du village reçoivent un premier appel... Puis un second, celui de Luc, qui modifie l'heure du rendez-vous.

Vers deux heures, Pierre fait monter Cléo de la cave et enfile son manteau. En apercevant la grosse bête affectueuse se trémousser, sa mère, exaspérée, s'exclame :

— Pierre, sors-moi ça dehors ! elle a encore fait des dégâts dans la maison ce matin. Puis j'aime pas qu'elle s'approche de ta petite sœur, elle va la faire tomber !

— Elle le fera plus... promet Pierre en sortant rejoindre Jean-Louis qui l'attend dehors.

Le trio se dirige vers la « vieille grange ». En chemin, Pierre lui raconte ses soucis ; Cléo est jalouse du bébé. Elle se pense négligée. Alors, pour attirer l'attention, elle pisse partout dans la maison.

Le village est construit sur les pentes d'un vallon et lorsqu'on s'en éloigne, les maisons semblent s'enfoncer dans les terres, puis disparaître quand on arrive au boisé des « Solis » derrière lequel passe une autoroute. C'est devant ce bois, au fond d'un profond ravin, que se trouve la grange abandonnée.

Des planches mal jointes du bâtiment s'échappent des voix exaltées. La motoneige de Maranda est stationnée devant la porte.

— On dirait qu'ils sont tous arrivés! s'inquiètent Pierre et Jean-Louis.

Dès leur entrée, Luc les apostrophe, l'air frondeur:

— Vous êtes bien en retard?

— C'est pas toi qui es en avance? répondent-ils, comprenant le tour qu'on leur a joué.

Sans leur laisser le temps de protester, Luc, qui a bien mûri son coup, s'accuse sur-le-champ d'avoir peut-être mal compris l'heure.

— De toute manière, continue-t-il, vous arrivez juste à temps, on allait relire les lois qui viennent d'être votées!

Ti-Jacques, qui a eu l'honneur de les écrire, propose spontanément d'en faire la lecture. Lui arrachant le « carton des lois » des mains, Luc décide que ce privilège lui revient de droit.

Prenant son air du dimanche, il commence à déclamer:

— Première loi ! on va se diviser en deux armées qui vont être ennemies tout le temps... ce qui veut dire qu'on n'a même pas le droit de parler à un ennemi, sinon on est des traîtres !

— On peut juste leur dire des bêtises ! ajoute Ti-Jacques.

Pierre et Jean-Louis jugent cette règle inutilement exagérée.

— Pas du tout, affirme Luc, la guerre, c'est comme au hockey, on parle pas à l'autre équipe. C'est écrit dans les contrats des joueurs professionnels.

Cet argument a du poids. Personne ne trouve à redire.

— Deuxième loi, reprend Luc en haussant la voix, la guerre débute aujourd'hui et finit quand l'école recommence.

Chabot fait savoir que, quant à lui, elle pourrait bien durer tout le temps, parce que l'école... il conclut par une mimique qui en fait rire plusieurs.

— Troisième loi, continue Luc d'une voix plus forte encore, chaque jour, on reprend quand le soleil se lève et on finit avec la noirceur. Quatrième loi, le terrain de bataille, c'est les rues du village, les champs, le bois, mais on dépasse pas l'autoroute.

— Ouais, ma mère veut pas que j'joue dans le trafic ! plaisante Chabot.

— Cinquième loi ! dit Luc sans s'interrompre, les seules armes sont les épées et les boules de neige. Sixième loi ! il n'y a pas de batailles le jour de Noël, les dimanches non plus...

— Pour pas déchirer notre linge propre, ajoute Ti-Jacques.

— Laisse-moi finir ! crie Luc, clouant du regard le malheureux Ti-Jacques, tout penaud de se faire gronder par son chef vénéré. Dernière loi : tout le monde va mettre un gage dans le butin de guerre. L'armée gagnante garde le butin pour elle toute seule.

Luc se tait. Chacun se mêle à une bruyante approbation, y allant de son commentaire personnel. Georges Leroux avertit les autres de ne pas mettre de sandwich dans le butin, comme l'a fait Chabot.

— À la fin de la guerre, elle ne sera plus bien bonne précise Henry, l'autre jumeau.

Chabot grogne que ça ne l'empêchera pas de « la » manger, lui !

François, dit les lunettes, revient avec son idée de construire des châteaux de neige. Ses plans sont déjà tous dessinés.

Il ne comprend pas pourquoi les autres disent que c'est bébé. Des gros forts... avec des tours... des ponts qui se lèvent...

Il marmonne ainsi ses pensées à haute voix en se rapprochant de Jean-Louis et Pierre. Retirés dans un coin, ces deux-là sont encore à se demander ce qu'ils font là. En guise de salutation, François leur dit :

— Il est fatigant, Luc, il veut toujours mener tout le monde !

Comme pour lui donner raison, voici Luc qui monte sur le siège d'un vieux tracteur qui rouille au milieu de la grange. Il demande le silence, puis déclare que c'est le moment de « diviser » les armées.

— Ah oui, les gars, j'ai oublié de vous dire, ajoute-t-il en adressant un sourire narquois à Pierre, Jean-Louis et François, c'est mieux que chacun choisisse son bord. Dans une guerre, c'est comme ça. C'est pas toujours égal.

L'information est reçue froidement et sans surprise. On commence à s'habituer à ces petits oublis ! Ils apprennent encore que le butin sera gardé caché dans la grange qui, elle, devient le quartier général de l'armée de Luc.

Jean-Louis a beau rechigner que la grange appartient à tout le monde, on procède déjà à la division des camps. Tous sont évidemment du côté de Luc, à l'exception de Georges Leroux qui a la mauvaise idée de se ranger du côté des dissidents. Songeant qu'il ne pourra plus parler à son frère « ennemi, même à la maison », il se ravise immédiatement.

On se retrouve donc à sept contre trois. Les dissidents sont isolés. Cléo ne comprend rien aux conséquences de la division qui vient de s'effectuer, elle court d'un côté à l'autre, lèche indifféremment les mains qu'elle rencontre et réclame des caresses.

— Aïe. Y'a quelques chose qui marche pas là ! s'exclame Chabot.

Tous se montrent bien surpris qu'un jeu aussi bien organisé ait une faille, mais encore plus que ce soit Chabot qui la trouve !

— Comment on fait pour savoir qui c'est qui gagne ?

Fallait y penser ! Mais Luc Chicoine n'est pas facilement pris au dépourvu. Rapidement, il improvise une solution :

— Bon, « les lunettes » est de votre bord. Il va vous construire un fort. Moi et mon armée on va l'attaquer.

Le dernier jour des vacances, ceux qui seront les maîtres du fort gagneront la guerre. C'est pas compliqué.

C'est ce que pense Chabot, tout à fait content de ce scénario. Comme il se doit, l'armée de Luc est, elle aussi, satisfaite. Mais les dissidents en ont assez. Ensemble, ils se dirigent vers la sortie :

— Décide ce que tu veux, nous autres on joue plus !

— Comment ça, vous jouez plus ! ? On n'a même pas commencé ! s'exclame Luc.

— Fais-la tout seul TA guerre! se fait-il répliquer.

Impérieux, Luc menace quand même :

— Vous avez dix secondes pour partir ! Puis sa bande l'encercle, penchant la tête en avant pour faire un « concile » de guerre, selon le mot du Chef.

Arrêté près de la sortie, François spécifie :

— On s'en va, mais c'est parce qu'on veut !

— Les lunettes, provoque-nous pas ! réplique Luc en levant la tête.

— Bah! on joue même pas! dit François en courant rejoindre ses compagnons.

— Veulent pas jouer hein ?! C'est ce qu'on va voir, profère Luc à l'adresse d'une armée déjà tout acquise à sa prochaine manigance.

CHAPITRE 5

Luc a établi sa stratégie : il faut harceler sans cesse ces adversaires potentiels pour les forcer à se défendre, les obliger, malgré eux, à entrer dans le jeu de guerre. Pour commencer, pendant que les trois autres retournent au village, Luc et les siens les poursuivent, histoire de les arroser d'une salve de boules de neige.

Ensuite, il orchestre toute une série d'embuscades et de petites vexations. Par exemple : les empêcher d'aller glisser. Pourtant, il n'arrive à rien. Obstinément, les dissidents lui opposent une résistance passive. Ils espèrent que les soldats de Luc se fatigueront rapidement de cette activité à sens unique.

Et c'est sans doute ce qui serait arrivé si une escarmouche n'avait eu des conséquences inattendues.

Ce matin-là, Pierre revient de faire des commissions et Cléo tire une voiturette remplie de sacs d'épicerie. Sa voisine, Sophie, marche avec lui. Puis François les rejoint pour leur montrer ses nouveaux plans d'un fort «imprenable».

C'est à ce moment-là que Luc et sa bande débouchent d'une rue transversale. Sourire en coin, le «Chef» salue Pierre d'une voix doucereuse.

— J'pensais que les ennemis ça se parlait pas, réplique Pierre en poursuivant son chemin.

Luc ricane, puis il sort de sa poche une balle de caoutchouc qu'il agite en appelant Cléo. Quand la bête la voit, Luc lance la balle qui se met à faire des bonds insensés dans la rue. Excitée, Cléo se précipite derrière elle.

Évidemment, la voiturette chavire sur le bord du trottoir, et les sacs d'épicerie se vident au milieu de la rue.

Pierre est catastrophé. Sophie et François l'aident à ramasser les fruits, légumes, boîtes de conserve et bouteilles.

— Je vais te remettre ça, Luc Chicoine. Tu peux être sûr ! fulmine Pierre devant la bande, qui rit bien fort de son mauvais coup.

Luc pense enfin venir à bout de la passivité de ses « adversaires ». Mais il veut également impressionner Sophie et montrer qu'au village on ne se moque pas facilement de Luc Chicoine.

Il fait un signe aux deux Leroux qui s'avancent, boules de neige en main. Autour de la voiturette, on leur tourne le dos. Finissant de remplir les sacs qui, par bonheur, ne sont pas trop déchirés, Pierre et François vocifèrent des insultes :

— T'es rien qu'une coquerelle à poil !

— Pis un boss de bécosses !

Curieuse, Sophie demande la raison de cette agression et, surtout, pourquoi Pierre et François ne se défendent pas. Mais avant qu'on puisse lui expliquer les principes de la résistance passive, les boules lancées par les Leroux s'écrasent, l'une dans le dos de Pierre, et l'autre sur l'épaule de Sophie.

Prête à riposter, Sophie prend deux œufs. Les jumeaux se tiennent côte à côte, dans une position identique. Sophie croit voir double. Elle hésite une seconde, puis lance un premier œuf. Henry Leroux se croit visé. Il baisse la tête et c'est Georges qui le reçoit en pleine poitrine. Quand Henry se retourne pour voir l'œuf dégouliner sur le manteau de son frère, il en reçoit un à son tour.

Comme s'ils étaient l'ombre l'un de l'autre, tous deux portent l'index à la tempe pour protester en chœur :

— Ça va pas, non !

Sophie feint de vouloir prendre d'autres œufs ; apeurés, les jumeaux courent rejoindre leur chef.

Luc est bien fâché. Avoir peur d'une fille ! Vraiment ! Les Leroux ont beau chercher à expliquer leur couardise, Luc ne peut accepter d'en rester là. Cette fois, c'est toute l'armée qu'il envoie à l'assaut. Lui-même, en bon général, reste à l'arrière pour mieux évaluer la manœuvre.

— Plantez-leur la tête dans la neige, crie-t-il encore.

Pierre et François veulent fuir. Sophie les arrête :

— Grouillez-pas, dit-elle, j'vais chercher ma sœur.

À la course, Sophie entre chez elle.

En attendant, Pierre doit trouver moyen de contenir l'attaque. Il ne trouve rien de mieux que de crier en guise de menace :

— Elle est partie chercher sa sœur !

Il y a un flottement chez les assaillants. Luc a beau ordonner à tue-tête d'y aller sans attendre, toute la bande s'arrête. Une grande sœur, on ne sait jamais, c'est parfois aussi dangereux qu'un grand frère.

Mais voilà, Sophie sort de la maison avec une sœur plus petite qu'elle. Et toutes deux disparaissent immédiatement dans une remise cachée derrière une haie. La bande est rassurée, sans pour autant reprendre sa charge. D'intrigants bruits de tôles et de bouts de bois entrechoqués résonnent dans un silence de Western Spaghetti.

Soudain des cris ! Des hurlements sauvages ! Les sœurs surgissent, portant des casques de hockey à visière, des couvercles de poubelles en guise de boucliers et elles font tournoyer de solides gourets.

Luc crie d'attaquer. Ce sont les filles qui prennent le devant. La bande essaie bien de lancer quelques boules de neige, déjà elle est envahie par ces forcenées qui frappent avec férocité.

Les braves de Luc attaquent...

Sophie et sa sœur répliquent

Alors les garçons battent en retraite au cri de :

— Attention, elles fessent pour vrai !

Tandis que ses soldats en déroute passent de chaque côté de lui, Luc, les mains dans les poches, ne bronche pas. Dans les circonstances, il se doit, au moins, de préserver sa figure de chef. Il frissonne tout de même en voyant Sophie foncer vers lui, son bâton brandi bien haut et hurlant une réaliste imitation du « cri qui paralyse » des guerriers japonais.

S'attendant au pire, Luc ferme les yeux. Cependant, rien ne vient. Lentement, il ouvre un œil inquiet... Sophie s'est arrêtée, les bras croisés sur son bâton. Elle le dévisage avec un sourire narquois. L'alerte est passée, Luc tente de reprendre son assurance. Il enfonce plus profondément ses mains dans ses poches, redresse les épaules et la tête. Il a beau chercher une méchanceté à dire à Sophie, au fond de lui-même, il a plutôt envie de la complimenter, tant sa hardiesse lui en impose.

Mais cette bonne pensée s'estompe dès que Sophie ironise, avec une pointe d'arrogance :

— C'est toi le Chef ?

— Tu fais mieux de t'occuper de tes affaires, riposte Luc insulté.

La petite sœur vient de débusquer Ti-Jacques, caché derrière un gros arbre. Le prenant par le collet, elle y enfonce une poignée de neige, et Ti-Jacques se tord sous la morsure glacée. Puis tranquillement elle revient, passant près de Luc sans même s'en préoccuper.

— Les sœurs Tremblay ont frappé de nouveau ! dit-elle victorieuse. Les as-tu vu se sauver !?

Elles abandonnent Luc, toujours immobile au milieu de la rue. Cette mésaventure semble lui avoir coulé les pieds dans le ciment, comme seul Al Capone savait le faire. La mine renfrognée et le regard vengeur, il regarde les filles s'éloigner.

Pourtant, il devrait se réjouir. Le jeu de guerre vient de prendre une tournure semblable à celle qu'il souhaitait. Évidemment, cela ne s'annonce plus aussi facile que prévu !

CHAPITRE 6

Le jour suivant, Luc trouve une boîte de carton devant son quartier général. Elle contient des gages à ajouter au butin de guerre : la grosse loupe de Pierre, la collection de cartes de joueurs de hockey de Jean-Louis, la boîte de crayons à colorier de François, le gros os en caoutchouc de Cléo et, comme on pouvait s'y attendre, deux autres objets qu'aucun de la bande n'a encore vus : un lance-pierre peint en rose, décoré d'étoiles et de brillants, puis un roman policier d'Agatha Christie.

— Tiens ! j'vous l'avais dit qu'ils se décideraient ! déclare fièrement Luc, qui médite déjà une revanche. Mais, pour l'instant, il lui faut savoir ce que l'ennemi prépare. Des espions partent dans toutes les directions avec l'ordre formel de rapporter au chef tout mouvement suspect.

Les hommes de Luc mettent bien du temps à repérer l'ennemi qui n'est pourtant pas loin. Partis très tôt, François et ses complices se sont rendus à l'emplacement retenu pour construire ce fort que l'on s'est enfin décidés à bâtir. Leurs traîneaux chargés de pelles, de planches, de boîtes de cartons et d'une échelle, les voici arrivés sur un promontoire adossé au bois.

La neige y est abondante parce que les arbres arrêtent le vent. Mieux encore, en s'avançant un peu, on voit la vieille grange au fond du vallon. Du haut de leur château fort, il sera aisé de surveiller Luc, qui devra gravir une longue pente enneigée pour venir les combattre.

Grâce aux savantes directives de François, le fort est déjà très avancé. Trop longtemps freiné dans son projet, le petit Vietnamien se laisse même emporter dans un discours mémorable :

— ... un fort comme ça, personne en a encore jamais vu ! ! Y va être plus grand que ma maison, plus haut que les arbres ! Y en aura pas deux pareils ! Y va être super impressionnant !... avec des tours, des portes, des ponts-levis puis des créneaux... oui, oui, des créneaux, pareils comme dans les châteaux forts du Moyen Âge... ça va être le plus beau, le plus solide... Super impressionnant... VOUS ALLEZ VOIR ! ! !

Aucun incident n'a troublé leur travail. Il y a bien eu « Ti-Guy-la-lune » qui est venu les visiter. Lucie, la jeune sœur de Sophie, l'a pris pour un espion, mais Pierre l'a aussitôt détrompée.

Tout le monde au village connaît Ti-Guy-la-lune. Chacun sait qu'il ne fait jamais partie d'aucune bande.

En fait, il passe son temps à se promener dans les bois, toujours un peu perdu dans un monde à part des autres. Et puis, il a toujours un sourire sous ses yeux profonds. Cela lui donne un air sympathique mais étrange.

Cléo s'est tout de suite approchée de lui. Guy a demandé ce qu'ils bâtissaient là, quand on le lui a dit, sa mine est devenue grave.

— Ah, vous allez jouer à la guerre, c'est ça !

Manifestement, ce projet ne lui disait rien qui vaille. Tandis qu'on se remettait à l'ouvrage, Guy jouait avec Cléo et lui parlait à voix basse :

— Toi non plus, tu trouves pas ça amusant de faire la guerre, hein Cléo ?

Si Lucie s'était méprise au sujet de Guy-la-lune, il y a pourtant bien des espions dans le coin. À la lisière d'un banc de neige, un pompon rouge se déplace en sautillant. Ensemble, Maranda et Ti-Jacques sortent la tête jusqu'aux épaules. Un « baissez-vous » assourdi mais autoritaire les oblige à se cacher.

— Comment ça se fait que vous les avez pas trouvés avant ? Ils sont juste à côté !

La question de Luc reste sans réponse. Ti-Jacques est tout émerveillé que son chef Luc ait eu raison sur tous les points. L'ennemi a bel et bien déclaré la guerre. Le voici qui érige un fort.

— Vraiment, pense-t-il, les plans de Luc, ça marche toujours !

Le Chef lui a pris sa longue-vue et examine le fort... ou plutôt non, il cherche tout autour, pour finalement s'arrêter sur Sophie. S'apercevant que Luc s'attarde sur elle, Ti-Jacques s'imagine tout naturellement qu'il analyse les défenses ennemies et mijote une stratégie encore plus rusée.

— Ouais, ça leur fait pas une grosse armée, juste trois gars, puis deux filles, commente Maranda d'un ton déçu, tirant Luc hors de ses pensées.

— Tu peux bien parler, toi! lance-t-il, cinglant, en lui rappelant la débandade que ces filles leur ont fait subir.

Il n'est pas question d'attaquer le fort maintenant. Ses guerriers sont éparpillés un peu partout, à espionner on ne sait quoi. La bataille est donc remise au lendemain. Luc retourne à son quartier général afin de veiller aux préparatifs.

Il donne l'ordre à Maranda et Ti-Jacques de continuer à surveiller.

— Puis ôte ta tuque, Ti-Jacques. Y vont te voir!

Ti-Jacques s'exécute en bougonnant, mais dès que son chef ne peut plus le voir, il la remet en marmonnant:

— C'est des plans pour attraper un rhume!

CHAPITRE 7

Ce soir-là, Maranda transporte Luc, en motoneige, vers une butte dans les champs, juste derrière le village. Là, il éteint ses phares et arrête son moteur.

— Ça fait deux soirs de suite qu'elle passe en skis, juste là, confie Maranda, à voix basse.

Luc ne dit rien, il semble absorbé, presque rêveur. Maranda suggère de faire Sophie prisonnière. Luc tranche la question :

— Pas après six heures. C'est la loi !

Maranda aimerait bien qu'on lui fasse un peu peur au moins. Luc ne l'écoute plus. Le visage fermé, il regarde Sophie glisser à travers champ. Son allure est vive, rythmée par la musique d'un « walkman » qu'elle tient au chaud dans son manteau, tandis que ses écouteurs dépassent à peine de sous sa tuque. Luc ne la quitte pas des yeux. Sophie les dépasse sans se douter qu'on l'observe. Comme elle s'éloigne, Maranda s'impatiente de rater une si belle occasion. Sèchement, Luc lui dit de le ramener chez lui. Croyant comprendre, Maranda murmure d'un air entendu :

— J'gagerais une piastre que t'as un plan !

La motoneige repart. Luc soupire. Justement, il n'a aucune idée de ce qu'il devrait faire. Il se sent confus et tiraillé. Plutôt que de rentrer chez lui, dès que Maranda le laisse, il se faufile derrière les maisons et va curieusement se cacher entre deux poubelles. Dans cette position inconfortable, il fait le guet, ramassé sur lui-même pour mieux se garder au chaud.

Une porte s'ouvre en crachant dans la froidure. Luc lève les yeux et voit Pierre qui fait rentrer Cléo. Le garçon est fier. Il a difficilement convaincu ses parents que le chien risquait la pneumonie par une nuit aussi froide.

— T'es contente là, ma grosse ! Puis il lui chuchote, en s'inquiétant soudain :

— Tu l'as fait, ton pipi ?

Luc s'est renfoncé dans sa cachette. Peu de temps après, une crissement sur la neige s'amplifie, à une cadence de locomotive à vapeur. Sophie arrive, traverse la cour, pour s'arrêter devant la porte arrière de sa maison.

Lorsqu'elle enlève ses skis et les frotte pour en faire tomber la neige, Luc sort de son refuge et s'approche d'un pas embarrassé.

Sophie sursaute en l'apercevant. Tout de suite Luc se montre rassurant :

— Non, non, dit-il, j'viens juste te dire bonsoir.

— Ah ! répond Sophie, quand même un peu flattée. Tu me fais pas peur.

Curieusement, à présent qu'ils se retrouvent seuls tous les deux, leur attitude n'est plus la même. Luc n'essaie plus d'être un leader inflexible, il laisse émerger un curieux mélange de candeur et de timidité. Sophie oublie ses manières fonceuses. Luc ne lui est pas si indifférent.

— T'as pas besoin de te cacher, lui dit-elle.

Et ils se sourient. Ils n'ont même pas le temps d'échanger un autre mot que Lucie fait irruption en pyjama sur la galerie. Tout excitée, elle presse Sophie de rentrer :

— Aïe Sophie ! viens vite, il y a un bon film de guerre à la télé.

À cet instant, elle voit Luc. Pleine de défi, elle lance :

— Qu'est-ce qu'il fait là, lui ?

Son apparition met Sophie mal à l'aise. Elle ne veut pas que Lucie devine le sentiment amical animant leur rencontre. Elle ne veut pas non plus le rompre. Partagée, pendant un moment, Sophie finit par reculer vers sa sœur en menaçant Luc :

— En tout cas, arrête de m'espionner, Luc Chicoine ! As-tu compris, là ?

À l'instant où, précédée de Lucie, elle rentre à la maison, Sophie jette un regard navré vers Luc, qui s'en retourne, tout décontenancé.

*

*   *

Courbés et silencieux, les guerriers progressent à pas de loup. Ils ont des boucliers et des épées de bois. Chabot porte une échelle de fortune et Ti-Jacques a charge du drapeau de l'armée. Luc tient fièrement en bandoulière son rutilant clairon qui, pour l'instant, demeure silencieux.

D'un geste, il arrête sa troupe. Genoux à terre, ils examinent longuement le fort où rien ne bouge sinon le drapeau qu'ils ont aussi eu l'idée de se confectionner.

— Très bien, pense Luc, on va les prendre par surprise.

À son ordre, ses plus costauds forment une carapace de leurs boucliers et, se servant de l'échelle comme bélier, foncent vers la porte du fort, s'imaginant l'enfoncer facilement. Pourtant, si Luc avait remarqué qu'un tube blanc, bizarre, percé dans le haut, tourne et suit chacun des mouvements de ses troupes, il aurait reconnu un périscope. Mais il a sous-estimé son adversaire, et il s'en rend compte douloureusement en s'écrasant avec les porteurs du bélier contre une fausse porte appuyée sur un mur plein !

Au même moment, les cinq défenseurs se dressent sur les murailles, criant et gesticulant. Ils ont fixé des cornes à leurs casques (enfin tout ce qui peut y ressembler), et même Cléo est affublée d'un accoutrement biscornu !

Excités par cet accueil barbare, les soldats de Luc veulent riposter par une salve de boules de neige. Ils sont aussitôt aveuglés. Les sœurs Tremblay ont couvert leurs boucliers d'un plastique aussi réfléchissant qu'un miroir et dardent d'éblouissants rayons sur qui ose lever les yeux. De plus, du haut des murailles, on vise très bien. Les boules arrivent avec plus de force en suivant une trajectoire descendante.

La position devenant insoutenable, il faut battre en retraite. Ti-Jacques constate, admiratif, que c'est « tout un fort » avec des murs très très hauts. Georges reçoit une boule sur l'oreille.

— Démones ! se lamente-t-il à l'adresse des filles.

Lagacé, ajoute enfin qu'on n'a pas le droit de prendre des filles dans sa bande.

— Arrête de chialer, Leroux, c'est la guerre ! décrète sèchement son irascible chef.

— La guerre, la guerre, c'est pas une raison pour se faire mal ! maugrée Henry, à la défense de son frère.

Luc fulmine. Il reproche à ses espions de s'être laissé berner par la fausse porte, et à chacun de faire tout un plat de la présence des filles. Il se calme un instant, la tête tournée vers le fort. Sophie est aussi tournée vers lui, et Luc a l'impression qu'elle l'observe.

— Tu vas voir comment je m'appelle toi, marmonne-t-il entre ses dents, comme si, à distance, il lui lançait un défi.

Quand Ti-Jacques suggère de réunir le « concile de guerre », Luc repousse cette idée, affirmant que c'est lui qui leur dira quoi faire ! L'échelle est difficilement levée contre les murailles. Luc, le premier, la gravit et se retrouve les fesses dans la neige, puisque du fort, on peut facilement repousser l'échelle avec une perche.

L'obstination de son chef fait, encore une fois, l'admiration de Ti-Jacques.

De son côté, Chabot lui dit que c'est impossible d'investir le fort de cette manière.

— Faudrait passer par en arrière, répète-t-il à qui veut l'entendre.

Évidemment, à l'intérieur de la forteresse, on s'amuse beaucoup. Lucie, qui est trop petite, a un peu de peine à se pencher par-dessus le mur pour mieux bombarder l'assaillant ; mais lorsque Sophie lui demande d'aller faire chauffer de l'eau, ses yeux s'illuminent. Quelle bonne idée !

Cléo jappe et court de tous les côtés. Elle finit pas recevoir un projectile sur le nez. Son énervement guerrier se termine aussitôt, et elle va se blottir à l'abri, près de Lucie qui active le fourneau fabriqué à même un vieux baril de fer.

En désespoir de cause, Luc finit par suivre l'opinion de Chabot. Le reste de l'armée faisant diversion, ils se faufilent tous les deux de l'autre côté. Puis Luc monte sur les épaules de Chabot, qui le projette à l'intérieur.

— Tiens, de la visite, dit Lucie, le nez au-dessus du chaudron déjà fumant.

Constatant que Luc n'était pas devant le fort, on en avait déduit qu'il passait par derrière. On n'attendait plus que son arrivée pour le prendre par les quatre membres et... « une, et... deux, et... »

Sophie se surprend à dire :

— Pas trop fort !

Elle porte un regard embêté sur Luc qui se balance. Cela n'échappe ni à Lucie, ni à Pierre, qui en est un peu dérouté. Jean-Louis continue joyeusement le décompte... « et... troiiiis ! ! ! »

Alors que Chabot, revenu vers ses compagnons, annonce triomphalement que Luc a réussi, celui-ci est vigoureusement éjecté du château fort.

— Toi, c'est la dernière fois que j'suis tes idées ! grogne le chef endolori. Ti-Jacques l'aide à se relever tout en s'inquiétant de ses douleurs.

Lucie voit tous ses « ennemis » rassemblés juste sous le mur. Croyant le moment venu d'utiliser son eau bouillante, elle se prépare à la verser. Promptement, Sophie lui enlève le chaudron des mains :

— Aïe, jette pas l'eau, c'est pour faire du bouillon! dit-elle sans comprendre pourquoi sa sœur semble si déçue.

N'ayant plus d'autres ressources, les attaquants entreprennent d'assiéger le fort. Si on ne peut pas entrer, eux ne pourront pas sortir, ce qui rétablit, croit-on, une sorte d'équilibre.

Néanmoins, pendant que les troupes de Luc se font geler à attendre en plein vent, du fort on se contente de les observer au périscope. Car François avait prévu cette tactique. Un abri a été érigé au milieu du fort, et on y a réuni une variété de provisions afin de soutenir le siège.

Mettant à profit ses talents de cuisinier, François prépare un excellent bouillon aux légumes. Sa recette orientale paraît encore plus exotique dans ce décor de neige. Moins férue de gastronomie, Lucie se contente de diluer des sachets de chocolat chaud, ce qui lui fait oublier sa déception de tantôt.

C'est ainsi que, dans la bonne humeur, on attend que le froid fasse fondre l'ardeur des ennemis. À tour de rôle, chacun retourne chez lui, rapportant un bon rhume en souvenir de cette journée mémorable.

En bon capitaine, Luc part le dernier. Il est insulté de son échec et, peut-être plus encore, de ce que Sophie et les autres membres de sa bande ne se préoccupent pas de lui.

CHAPITRE 8

Le même soir, vers l'heure où Sophie fait habituellement sa promenade à ski, Luc se rend au fort, se doutant bien qu'elle y passera aussi.

Le périple de Sophie l'amène, en effet, devant le fort majestueux et presque hallucinant sous ce ciel parsemé d'étoiles. Pendant qu'elle reprend son souffle, la silhouette de Luc se profile sur le blanc laiteux d'un des murs. Sans étonnement, ils se rapprochent l'un de l'autre.

Luc dit quelques mots. Sophie ne comprend rien. Elle pense à baisser le volume de son walkman, puis dit :

— Qu'est-ce que tu fais là ?

— Devine!

— J'ai pas le temps de jouer aux devinettes! T'es venu pour le fort? T'es entré dedans?...

Ne trouvant plus rien à se dire, ils se rapprochent encore un peu, malgré un certain malaise à se retrouver seuls pour la seconde fois.

— Faut que j'y aille, dit Sophie.

— Moi aussi, enchaîne Luc.

Mais ils ne bougent pas.

— T'as de la neige, là, dit Luc en balayant de la main quelques flocons réels ou imaginaires sur l'épaule de Sophie. Leurs visages sont très proches, hésitants, silencieux... émus. Leurs yeux se perdent, cherchant quelque chose à quoi se raccrocher... Soudainement Sophie s'exclame:

— T'as un trou dans ta mitaine!

Et elle repart, embarrassée de n'avoir rien trouvé de plus intelligent à dire. Luc reste là, les yeux fixés sur

Tous les soirs, Sophie faisait une promenade en ski de fond

une mitaine trouée, une expression attendrie sur le visage.

*

* *

Le lendemain matin, Luc essaie de négocier une trêve. François a emmené Pierre et Sophie à l'église, pour leur montrer la crèche qu'il a aidé à fabriquer à l'occasion des fêtes. Son explication détaillée s'interrompt quand il entend tousser Luc, agenouillé quelques bancs derrière.

— Il peut même pas nous laisser en paix deux minutes, lui ! lâche François avec dépit. La tâche de Luc est délicate, et il l'aborde avec prudence. Il ne veut pas perdre la face.

Pierre le rejoint en lui demandant ce qui se passe.

— Rien de spécial, se fait-il répondre par Luc, toujours à la recherche de la meilleure façon de s'y prendre… Bien, euh, je me demande si on pourrait pas arrêter un peu la guerre ? !

Pierre sourit, en lui demandant s'il s'est rendu compte qu'il n'est pas de taille ! ? ! Luc s'en défend bien, prétextant que tous les pays en guerre s'arrêtent de temps à autre, question de se remettre en forme.

Incertain des intentions réelles de ce rusé personnage, Pierre lui demande encore à quoi il veut occuper cette trêve. La mine empêtrée, Luc lui répond :

— Ben, me prêterais-tu tes skis ?

Pierre comprend enfin ce qu'il a dans la tête.

Finalement, sans l'intervention de Ti-Jacques, cet arrêt des hostilités aurait peut-être eu lieu. Se croyant malin, ce dernier épiait l'ennemi, attendant qu'il sorte de l'église. Quand il a vu Luc y entrer, il a cru à un piège et imaginé déjà son chef fait prisonnier. Héroïquement, il a couru ameuter la bande, qui a dressé aussitôt une embuscade sur le parvis de l'église. Boules de neige en main, ils ont attendu que Pierre, François, Sophie et Luc sortent pour les cerner.

— Rendez-vous ! Bougez pas ! hurle Ti-Jacques.

Toute l'affaire s'écroule. Luc ne leur a pas fait part de son idée de trêve. Il engueule donc ses soldats.

— C'était une tactique d'espionnage, prétexte-t-il.

Tactique que sa bande d'idiots, et surtout cette espèce de concombre de Ti-Jacques, ont fait échouer. Pendant cette escarmouche, Sophie et ses compagnons s'éloignent en riant !

*

*   *

L'après-midi voit apparaître un singulier buisson, timidement plaqué sur la neige du boisé des « Solis ». Aussi compact qu'une couronne de Noël, il se soulève sur de nombreuses jambes et, pareil à un mille-pattes, glisse dans le creux d'un ruisseau.

Plusieurs troncs d'arbustes abattus en travers de ce ravin forment autant de ponts enneigés sous lesquels le buisson-à-pattes se faufile en silence. C'est Luc qui dirige une opération de commando. Leurs boucliers, leurs vêtements sont recouverts de branches de sapins ; le traîneau de munitions a même droit à de petits arbres complets.

À travers tout ce camouflage, à peine distingue-t-on leurs visages aux aguets. Cette fois, Luc est bien certain de réussir son effet de surprise.

Soudain, Chabot sonne discrètement l'alerte. Tous s'accroupissent et se resserrent, reformant l'illusion d'un buisson. Georges se distingue bien un peu cependant. Manquant de branches, il a complété son accoutrement avec celles d'un arbre de Noël artificiel encore couvert de brillants.

Un moment s'écoule en silence... rien ne se passe. Luc demande à Chabot ce qui motive cette alarme. Le ton caverneux et l'air dramatique, il désigne un arbre d'où dépasse le pan d'un manteau. Puis apparaît une moitié de visage, un œil rieur et une bouche arrondie d'un perpétuel étonnement. Fausse alerte! C'est seulement Ti-Guy-la-lune venu s'enquérir s'ils jouent «encore» à la guerre.

— Salut les gars! crie-t-on dans leur dos. Alors que l'attention de tous se portait sur Guy, Ti-Jacques arrive en sens opposé accompagné de France, sa sœur. Tout ce remue-ménage met Luc de fort mauvaise humeur et compromet le secret de l'expédition.

Toute la bande boude en apprenant que France veut se joindre à eux. Sans même consulter son chef, Ti-Jacques lui a dit qu'elle le pouvait. Tandis que Lagacé menace de déserter si on prend des filles dans son camp, Ti-Jacques d'un air attristé, supplie du regard qu'on ne lui fasse pas un tel affront.

Pour une fois, Luc comprend la situation de Ti-Jacques. Il avance une solution qui a l'avantage, pense-t-il, de satisfaire chacun sans qu'il y coupe lui-même. Il soumet France à une épreuve : si elle réussit, on la prendra dans l'armée.

Luc désigne un arbre éloigné et lui demande de le viser avec une boule de neige ; tous les garçons croient l'affaire dans le sac. Jamais elle n'y arrivera. Pourtant France les surprend par cette réflexion bien pensée :

— Celui-là ? Y'en a pas un de ta bande qui est capable de l'attraper !

Mis au défi, les garçons vont immédiatement quérir des boules sur le traîneau de munitions. Chacun son tour, puis tous ensemble, ils essaient d'atteindre l'arbre sans y parvenir. On crie, on s'exclame, on rit, et les boîtes de munitions se vident à une rapidité surprenante.

Dépassé de voir ainsi dégénérer le test imposé à France, Luc a beaucoup à faire pour rétablir l'ordre parmi ses troupes indisciplinées.

France est acceptée, pour ainsi dire, par défaut. Guy-la-lune est aussi recruté de force, et on le fait tirer le traîneau afin qu'il ne fasse pas repérer le commando en rôdant autour. Luc recommande de ne plus faire le moindre bruit, c'est une attaque surprise qu'on prépare ! Et le buisson-à-pattes repart vers sa destinée... que Sophie prépare avec une fébrilité de conspirateur. Armée d'une grosse seringue de vétérinaire, elle injecte de l'encre dans des boules de neige que Jean-Louis tient du bout des doigts. De nombreux pots vides sur la neige en témoignent, on ne lésine pas sur la quantité d'encre utilisée.

— Attention, ça dégoutte !

— Bouche le trou avec de la neige propre !

— T'en mets trop !

— Non, non, s'échange-t-on à voix basse...

La dernière boule est prête au moment où le commando arrive par le ravin.

François, Pierre, Lucie, Sophie et Jean-Louis lancent d'un même geste leurs boules imbibées d'encre. Cinq « Splouch » sonores retentissent comme autant de fruits qui s'écrasent. Incrédule, Luc voit s'étendre rapidement des taches de couleur sur ses soldats stupéfaits.

Cherchant la provenance de ce tir illégal, il voit Sophie en haut du ravin. Effaré, il se sent bouleversé de perdre d'autres plumes devant elle. À vrai dire, Luc peste contre le mauvais sort qui le poursuit depuis quelques jours. Il commence à en vouloir à Sophie d'avoir le meilleur sur lui et il s'en veut de ne pas arriver à l'impressionner.

Un éclaboussement violet l'atteint à l'épaule, lui rappelant qu'il ferait mieux d'aller réfléchir ailleurs. Une pluie de projectiles achève de mettre en déroute son armée prise de panique. Avec eux, Luc s'enfuit en tirant le traîneau abandonné par Guy-la-lune. Celui-ci s'est prudemment mis à l'écart dès les premiers instants du bombardement. Dans un geste spectaculaire, il s'est déclaré mortellement atteint et, depuis, simule une agonie toute hollywoodienne.

Évidemment Cléo, toujours aussi bêta, est tout de suite allée se mettre dans les jambes du commando dérouté, sa nature la disposant plus à courir qu'à lancer des boules de neige. En conséquence, elle a reçu sa part de boules à l'encre et maintenant, elle s'imbibe le museau en reniflant les taches éparpillées tout autour d'elle.

Toujours à l'agonie, Guy-la-lune supplie la chienne de l'achever car ses souffrances sont trop atroces. Cléo s'approche pour le renifler lui aussi. En la repoussant, Guy voit ses doigts prendre une drôle de couleur.

— Un chien qui déteint ? pense-t-il avec émerveillement avant de recommencer à mourir.

D'autres lamentations se joignent à ses râles :

— Ouash ! Ç'a coulé sur mes manches ! crie François.

— J'suis tout plein de dégoulissures ! enchaîne Pierre. Qu'est-ce que ma mère va dire ?

Jean-Louis est le plus furieux. Il engueule Sophie sans ménagement : elle et ses « idées de génie » ! Pierre lui rappelle que lui non plus ne s'est pas retenu de mettre de généreuses doses d'encre dans les boules. Sophie soutient, en toute logique, que la victoire est à ce prix. Rien n'y fait, Jean-Louis ne démord pas de sa colère.

— Vous aviez juste à faire attention ! conclut Sophie, blessée d'être tenue responsable d'un désastre auquel chacun a participé, en fin de compte ! Et, loin d'arranger les choses, Lucie fait alors remarquer qu'il eût été plus sage de prendre « quelque chose qui se lave ».

Ils s'en vont sur cette constatation lourde de conséquences pendant que, de son côté, Ti-Guy déclare, les yeux à moitié retournés, tel un grand seigneur se mourant sur le champ d'une bataille historique :

— Mes dernières volontés sont que les pays où il fait chaud aient des hivers, et qu'ici ce soit toujours l'été, ouââââgh... parce que là, je commence à avoir froid... ââââgh...

Et il se renverse dramatiquement, les bras en croix.

CHAPITRE 9

Un sillage de couleur zigzague vers la grange. Autour du vieux tracteur, les soldats se plaignent d'être tous tachés. Le duo Leroux affirme à la ronde que dans ces conditions-là, « on revient plus à ces batailles de fou ».

Ti-Jacques regarde le manteau de Luc honteusement bariolé de violet et de bleu :

— Hon ! T'es tout barbouillé de bleu sale.

— Moi, c'est pas grave, mon manteau est déjà bleu, clame Chabot, qui aurait tout aussi bien pu dire que, de toute façon, il était déjà taché.

Malgré l'avis contraire de son Chef, Chabot espère récupérer de l'essence dans le réservoir du tracteur. Il y descend un tube de caoutchouc et aspire fortement. Luc se trompait. Les yeux de Chabot s'arrondissent en goûtant à l'essence.

Il crache avec véhémence, cette saveur désagréable lui restant au palais. Mais quelques chiffons grisâtres sont imbibés, et France commence les opérations de nettoyage en prenant Georges comme premier cobaye. Comme il fallait s'y attendre, Henry se porte aussi volontaire. On a beau lui dire qu'un seul suffit pour commencer, Henry va se placer aux côtés de son frère.

Le manteau de Georges est couvert de taches, tandis que celui d'Henry est à peine moucheté. On frotte bien fort chacun. Les taches pâlissent un peu dans le cas du manteau d'Henry, mais il en va tout autrement pour celui de Georges : elles se diffusent à travers tout le tissu.

— Puis, ça part ? demande Henry.

— Ç'a l'air! réplique Georges en regardant le dos de son frère.

Chabot continue de cracher et va quémander auprès de chacun une gomme, une « paparmane », n'importe quoi pour lui enlever ce goût insupportable.

Lagacé vient finalement à sa rescousse, en lui offrant l'unique gomme... qu'il a déjà dans la bouche.

Certains proposent d'appeler la mère des sœurs Tremblay. Après une histoire comme celle-ci, les filles seraient à coup sûr grondées et punies d'une quelconque manière. Luc refuse catégoriquement cette lâcheté. On n'aura qu'à mieux s'organiser et prendre sa revanche lors de la prochaine attaque du fort.

Pourtant, Luc n'a pas l'habitude de s'arrêter à de pareils scrupules. Mais plus la partie s'annonce serrée, plus il lui paraît essentiel de prendre le dessus sans le recours d'aucun subterfuge.

On a fini de frotter les manteaux des jumeaux et on se tient à bonne distance d'eux, car de forts effluves d'essence les entourent désormais.

— Wah, vous puez bien ! s'exclame Maranda, les narines soudainement gazées.

Les jumeaux le regardent, l'air offusqué, sans comprendre. Ils se sentent l'un l'autre, sans trouver l'odeur si terrible que ça. Henry aperçoit soudain le gâchis dans le dos de Georges :

— Ah ! c'est effrayant !

— Quoi ? s'inquiète Georges en retournant son frère pour mieux observer son dos.

— Mais non, c'est pas si pire, constate-t-il en voyant le dos d'Henry.

Et celui-ci, étonné, regarde de nouveau le manteau de Georges, confirmant son effrayante constatation. Et puis Georges à son tour se penche sur le manteau d'Henry.

— Pourtant, j'vois rien !

Les jumeaux sont tout à fait éberlués et n'arrivent pas à imaginer que leur similitude soit ainsi perturbée.

*

* *

Désormais, les étrangers traversant le village se demandent quelle mode avant-gardiste y fait fureur, tant il s'y promène de manteaux étrangement bigarrés. Pourtant, chacun a bien essayé de rendre une allure plus immaculée à ses vêtements d'extérieur. Ainsi, les sœurs Tremblay ont jeté leurs manteaux dans la machine à laver. Curieuse, Jeanne, leur mère, les rejoint au sous-sol, à la seconde même où Lucie verse d'un trait une tasse d'eau de Javel dans la laveuse.

— C'est correct, maman ! Ça va être parfait, dit Lucie pour la rassurer.

Jeanne n'en est pas convaincue. Un tas de tissus informe tournoie dans un jus brunâtre en produisant une mousse bleu-vert. Bref, elle préfère tout de suite se laver les mains de ce qui en résultera.

— De toute façon, c'est pas moi qui vas les porter ces manteaux-là ! annonce-t-elle en secouant légèrement la tête.

Loin de s'emporter, Jeanne sourit même en entendant Lucie raconter en détail la bataille haute en couleur de l'après-midi. Mais elle s'interroge aussi de la mine songeuse de Sophie. Sa grande fille semble triste et préoccupée.

Rieuse, Lucie souligne combien Luc avait l'air enragé. Immédiatement, Sophie réagit en se faisant plus maussade encore.

— Lui, il avait juste à pas nous provoquer !

— T'as pas l'air dans ton assiette, lui demande Jeanne pour l'apaiser et lui permettre de se vider le cœur.

Sophie est renfrognée un instant, puis finit par dire :

— Je suis tannée des gars ! — Il lui est difficile de clarifier les sentiments qui s'agitent en elle... — C'est pas juste ! Avec les gars, faut toujours que j'aie les meilleures idées, puis si j'me trompe, même un peu, y se gênent pas pour me tomber dessus !

Lucie s'est défaite de son ton joyeux. Elle explique à Jeanne qu'ils ont engueulé Sophie parce que l'encre « a coulé partout ». Mais elle rappelle aussi à Sophie que Pierre, lui, a été gentil.

L'argument ne change en rien l'humeur de sa grande sœur. Compréhensive, Jeanne lui conseille d'en parler aux garçons, plutôt que de garder sa rancœur pour elle.

— On voit bien que tu les connais pas ! Humpft ! ça changerait pas grand-chose, puis ça me tente plus de jouer avec eux autres. Qu'ils se débrouillent tout seuls !

— Ah oui ? dit Jeanne en souriant, sans vraiment croire que sa fille gardera cette résolution bien longtemps.

Sophie se détend et sourit à son tour. Un silence complice les unit alors.

— Demain, j'vais peinturer notre coin... après, j'verrai! dit Sophie en désignant une pièce fermée d'un simple rideau. C'est là que les deux sœurs ont aménagé leur tanière, leur salle de jeu.

Luc aussi en a gros sur le cœur. Il est resté seul à la grange. Depuis longtemps, il aime s'y réfugier dans ses moments de solitude. Aujourd'hui, il s'est assis sur les talons, le dos appuyé contre un mur ajouré. Luc écrit dans un cahier cartonné: son «journal de bord» ultra-secret.

De temps en temps, il doit chauffer la pointe de son stylo à la flamme d'un briquet. Une fois l'encre dégelée, il reprend sa rédaction, se dictant le texte à voix basse...

— Ne pas se décourager et, aussi, ne plus faire d'attaques dans les bois... Il s'arrête un instant. Son visage se

durcit : — Elle me reprendra plus avec ses petits airs hypocrites. Je vais lui montrer... Elle veut la guerre... elle va l'avoir.

Le clairon de son grand-père est accroché à un clou. Il n'est plus aussi brillant qu'aux premiers jours des vacances.

— Ce soir, continue d'écrire Luc, je vais frotter mon clairon. Demain, c'est à elle que je vais frotter les oreilles !

Ragaillardi par son jeu de mots, il met son journal dans un sac de plastique, puis le cache sous le plancher de la grange.

Mais la conséquence la plus tragique de cette affaire de boules à l'encre a été pour Cléo. Tandis que, dans la cave, Pierre tente de nettoyer son manteau avec de la térébenthine, le chien monte gratter à la porte de l'étage. Mal fermée, elle s'ouvre d'elle-même. Cléo se promène dans la maison, laissant partout l'empreinte de son poil souillé d'encre et de neige fondue. Elle frôle les meubles, les rideaux, la nappe, les murs. La mère de Pierre croit que le bébé tire sa jupe, mais c'est encore Cléo qui laisse sa marque. Justement, le bébé enfonce au passage les deux mains dans son poil. Maintenant, il se frotte le visage, s'accroche à la jupe de sa mère qui prend de la couleur à chaque instant.

Pour finir, Cléo va s'ébrouer dans le salon, mitraillant de gouttes d'encre le tapis et le mobilier. Puis elle s'installe confortablement dans un fauteuil.

CHAPITRE 10

Cléo a été définitivement expulsée de la maison. Pierre s'est incliné devant l'étendue de la catastrophe. Il lui construit une niche en bois et Lucie est venue l'aider.

Prostrée sous un escalier, Cléo les observe sans bouger. Son attitude boudeuse met Pierre mal à l'aise. Pourquoi Cléo le regarde-t-elle comme ça ?

— C'est pas de ma faute, pense Pierre.

Tout en travaillant, Lucie et lui essaient de remonter le moral de Cléo. Ils lui vantent les mérites de sa nouvelle maison. Elle va être belle ! Avec du tapis ! Ils n'en ont même pas dans leur chambre à eux ! Ils ont beau se faire joyeux et convaincants, Cléo reste taciturne. Elle émet une faible plainte et s'écrase encore plus à plat dans la neige.

— Elle pense qu'on l'aime plus, dit Pierre à Lucie, surprise de l'attitude triste de Cléo. Tu sais bien que je vais toujours t'aimer, grosse nounounne ! Mais la chienne ne réagit d'aucune manière.

— Penses-tu que Cléo est malade ?

— Ben, non. C'est de la mauvaise humeur, ça va passer ! le rassure Lucie, malgré sa propre inquiétude.

À cet instant, Sophie sort sur la galerie, une chemise d'homme tachée de peinture sur le dos. Elle crie à sa sœur de venir l'aider. Les murs sont presque entièrement peints et Lucie n'a encore rien fait.

— Je vais faire les fenêtres un autre jour, réplique Lucie, le ton détaché, comme pour dire « Y'a pas de quoi s'énerver ! »

Sophie s'irrite. Si sa sœur ne vient pas tout de suite, elle va les peindre elle-même, les fenêtres.

— Avec ma couleur ? taquine Lucie.

Mais sa grande sœur n'a pas envie de rire. Elle rentre avec fracas en menaçant que ce sera son coin à elle toute seule.

— Humft ! Du chantage ! dit Lucie d'un air supérieur. Dans cinq minutes, elle va avoir tout oublié…

Puis elle se penche sur Cléo, la mine enjouée :

— Hein, ma Cléo, vas-tu y aller dans le coin de Sophie, toi ?

Le chien la regarde d'un œil mauvais et brusquement découvre ses crocs en grondant. Lucie s'arrête :

— Pas de doute, pense-t-elle, Cléo a attrapé une dépression nerveuse !

*

*　*

— RENDEZ-VOUS! VOUS N'AVEZ AUCUNE CHANCE! VOUS ÊTES ENCERCLÉS...

Les têtes de Jean-Louis et François apparaissent sur les remparts. Ils sont seuls pour défendre le fort. On ne compte pas Guy-la-lune, venu en visite et coincé une fois de plus au milieu d'un combat.

Le fort est entouré par l'armée de Luc au complet et renforcée de quelques nouvelles recrues : les amies de France. Les soldats préparés au pire se sont recouverts de grands sacs de plastique, ils ne craignent plus les boules à l'encre! D'une main, Luc tient son clairon et de l'autre, un porte-voix « à batteries ».

— RENDEZ-VOUS, résonne sa voix.

Jean-Louis demande à brûle-pourpoint où il a pris cet instrument. Ti-Jacques porte la bouche au porte-voix :

— C'EST À MON MO-N-ONCLE!!!

Luc le dévisage sévèrement, et Ti-Jacques se repent tout de suite. Le Chef les a bien avertis : aujourd'hui, c'est du sérieux !

Le mot d'ordre est suivi à la lettre. Tous ont fait de grands efforts pour s'armer et se protéger. Chabot s'est fait un casque d'une vieille bouilloire et l'accoutrement de chacun n'est pas moins original. Toute l'armée manœuvre selon le plan de bataille dressé par le chef. Elle se divise en trois sections : l'une demeure près de Luc, et les autres vont se placer de chaque côté du fort.

— ATTENTION... Feu à volonté !

Luc ponctue son commandement d'une sonnerie de clairon amplifiée par le porte-voix tenu par Ti-Jacques. Bien entendu, Chabot ne comprend pas le sens de « feu à volonté ! » Il bougonne :

— Qu'est-c'est qui veut dire lui ?... Y peut pas parler comme tout le monde !

Des volées de boules de neige s'abattent en croisé sur le fort. Les défenseurs s'abritent dans un coin. Jean-Louis surveille par le périscope les progrès de l'assaut. François appelle du secours à l'aide du « walkie-talkie » pris dans sa cachette derrière un gros bloc de neige.

Lucie lui répond. Mais sa voix grésille, noyée de parasites et de bruits étranges, pareils à des coups de marteau.

— Grissshhh... Grisssshhh!! Allo, le fort, grisshhh... je vous reçois mal. Griiiiiisssh!

Jean-Louis prend le radio-émetteur et le secoue sans réussir à éliminer les parasites. François proteste de voir maltraiter ainsi son appareil. Et tous deux paniquent. Le temps presse!

Subitement, les parasites deviennent des toussotements. Lucie jouait à imiter le brouillage des ondes, trouvant que cela faisait plus vrai. Elle a fini par s'irriter la gorge. À côté d'elle,

Pierre ne dit mot ; l'air morose, il en arrive à ressembler à sa pauvre Cléo.

— Veux-tu bien arrêter de gricher ! C'est pas le temps de niaiser !

Sans autre commentaire sur l'humour de Lucie, on l'informe de la situation critique.

En effet, les renforts sont mieux d'arriver en vitesse. L'assaut final se prépare.

— SECTION DEUX ET TROIS. RABATTEZ-VOUS SUR LES FLANCS.

— Les flancs ? les flancs ?... C'est quoi ça, les flancs ? répète Chabot en bougonnant.

Une échelle est élevée. Deux grosses cordes attachées à ses montants servent à ceinturer le fort. Jean-Louis prend une perche et pousse de toutes ses forces sur l'échelle. Elle ne bouge pas, les cordes la retiennent solidement.

Luc fait signe à Ti-Jacques d'y aller le premier. Honoré, il s'élance plein de vigueur. En désespoir de cause, Jean-Louis arrache un créneau et le laisse tomber sur la tête de Ti-Jacques.

— Maudit fou ! crie-t-il en se laissant glisser au bas de l'échelle, délogeant ainsi ceux qui le suivaient. Ç'a pas d'allure de lâcher des blocs gros de même !

Mécontent, Luc envoie Chabot à sa place.

Pour les défenseurs, le moment est venu d'utiliser la « glissoire d'évacuation d'urgence ». Jean-Louis et François s'accroupissent sur une « traîne-sauvage ». Un tunnel descend sous le fort. Aussitôt le bâton retenant la traîne enlevé, celle-ci démarre rapidement.

Pour augmenter la vitesse, la glissoire-tunnel décrit une courbe sous la tour principale avant de déboucher dans le ravin « Solis ».

Les jumeaux Leroux allaient en découvrir la sortie bouchée par un carton recouvert d'une mince couche de neige, quand un bolide surgit à travers le mur du fort.

— Yaouuuu! crient François et Jean-Louis.

Les frères Leroux jugent toute poursuite inutile.

Guy-la-lune s'est assuré de suivre tout l'affrontement à travers le périscope. Luc, qui vient d'escalader la muraille, est surpris de ne trouver que lui.

— Ils viennent juste de partir!

Tout souriant, Guy pointe la sortie d'urgence.

— Toute la bande? s'étonne Luc.

À sa grande déception, Guy lui apprend que seulement Jean-Louis et François étaient là. Lui-même n'étant qu'un visiteur, précise-t-il.

Luc entraîne Maranda avec lui et s'élance sur la glissoire, déterminé à rattraper les fuyards. Glissant sur les fesses, pieds devant, ils frappent de plein fouet les Leroux qui pénétraient dans le fort. Tous se retrouvent entassés dans l'étroit tunnel, gueulant et essayant de se dépêtrer.

Guy-la-lune serre le périscope contre lui. Il improvise sur le mode lyrique un discours à l'intention de Chabot :

— Nous nous rendons, mes compagnons d'armes et moi. Puisse la paix rétablie durer éternellement, car cette guerre absurde n'a fait que trop de ravages...

— Qu'est-ce qui ont tous à me parler drôle comme ça ? C'est beau, mais j'comprends rien ! grogne Chabot.

Alors que Jean-Louis et François surveillent de loin, cachés dans le bois, Luc abaisse le drapeau des vaincus et fait flotter le sien au mât. François se lamente, les larmes aux yeux :

— Ils ont pas le droit... C'est notre fort. Ils vont tout le démolir ; puis, en plus, ils ont remplacé notre drapeau par une guenille ! Barbares !

Et il continue d'invectiver l'adversaire de son vocabulaire vietnamien le plus corsé.

Les vainqueurs s'organisent un banquet. Ils s'étaient apporté des collations, au cas où la bataille aurait été longue. Les provisions saisies dans le château fort sont aussi mises à contribution.

Des effluves d'essence persistent à auréoler les manteaux des Leroux. On ne les croise pas sans retrousser le nez. Ils sont donc affectés au guet, un peu à l'écart des autres.

À l'idée d'ennemis rôdant autour du fort, Guy-la-lune imagine des francs-tireurs :

— Pfiiiiiiiougg !... Aah ! une balle perdue !

Et il s'écroule, terrassé, ce qui ne surprend personne. On l'ignore et le laisse faire le mort.

Mais une victoire aussi aisée voit son mérite diminué d'autant. Pour plusieurs, cette pensée donne un arrière-goût d'amertume aux réjouissances. Luc affirme que même trois fois plus nombreux, les défenseurs n'auraient pas empêché le fort de tomber, tant son armée était bien préparée. Pourtant, lui non plus n'a pas l'impression d'une vraie victoire.

D'autres n'ont pas ce doute. Ainsi, les jumeaux préfèrent imaginer qu'un trésor est peut-être caché dans le château fort.

— Ben quoi ? Ça se peut, on a bien un butin de guerre, nous. C'est presque pareil !

La logique de cet argument laisse leurs compagnons froids. Les jumeaux en oublient le trésor et vont s'asseoir près de Chabot, celui-ci se montrant moins sensible à l'odeur d'essence.

Georges épluche minutieusement une grosse orange. Il veut enlever la pelure d'un seul morceau. Ce travail délicat réussi, il dépose fièrement devant lui une orange vide mais bien ronde. Il sépare maintenant les quartiers de l'orange, tout en se méfiant de Chabot qu'un vilain rhume fait renifler dans son dos.

Le cadavre de Guy-la-lune ouvre un œil alléché par le festin. La gourmandise le fait ressusciter et il va demander au Seigneur de ces agapes :

— Messire Luc, votre excellence me permettrait-elle de festoyer avec elle ?

— J'pensais que t'étais mort? rétorque Luc.

— Juste blessé, précise le mort.

Bon prince, Luc lui donne un sandwich et l'invite à prendre place.

À ce moment, Georges s'apprête à déguster ses quartiers d'orange disposés autour de la pelure. Chabot éternue bruyamment, éclaboussant le fruit.

— Malpropre! tu l'as fait exprès! s'écrie Georges, indigné.

Chabot se défend bien d'avoir fait quoi que ce soit.

— Regarde, Luc, il a contaminé toute mon orange, l'hypocrite ! continue Georges en prenant son chef à témoin.

Luc clôt l'incident en renvoyant les jumeaux à leur poste de guet. Ils y vont en grommelant :

— On sait bien, tu prends jamais pour nous autres.

CHAPITRE 11

— C'est ça, son chien passe avant nous autres! ironise Jean-Louis.

— Il est malade, son chien, si tu veux savoir, réplique Lucie sur un ton qui n'appelle pas de réponse.

L'absence de Pierre et l'arrivée tardive des sœurs Tremblay achèvent de mettre Jean-Louis en colère. Il se sent aussi coupable d'avoir peut-être abandonné le fort trop vite. Au lieu de s'en accuser, il en porte le blâme sur Sophie. Elle aurait mieux fait d'être là quand il le faut! Voilà à quoi servent ses idées brillantes de boules de neige à l'encre!

Sophie se tait. Elle n'ose rien dire de peur d'être trop émotive. Alors, elle se renfrogne et laisse Jean-Louis se défouler. François remarque soudain le « walkie-talkie » dépassant du sac à dos de Lucie. Il se tape le front du plat de la main; l'autre « walkie-talkie » est resté caché dans le fort. Il l'a oublié ! Malheur !

— À la place d'une sortie, c'est une entrée secrète que ça va nous prendre maintenant ! conclut Lucie avec un esprit pratique un peu déplacé.

La défaite est consommée. D'un pas maussade, les garçons retournent vers le village. Lucie hésite. Elle voit Sophie assise dans une attitude blessée sur un tronc d'arbre mort.

Sentant sa petite sœur revenir vers elle, Sophie essuie rapidement une larme. Lucie s'en est aperçue. Ne sachant comment consoler sa sœur, elle reste un moment silencieuse.

— Maman va nous attendre pour souper, finit-elle par dire.

— Rentre, toi, avant qu'il fasse noir, moi, j'reste pour les espionner.

Lucie fait un pas vers la maison, puis demande encore pourquoi Jean-Louis est de si mauvaise humeur. Sophie a les yeux tournés en direction du fort et ne répond pas.

— Toi aussi, des fois, t'es de mauvaise humeur après moi, puis j'pleure pas!... raisonne Lucie, agacée du silence de sa sœur.

Sophie se contente de la regarder droit dans les yeux, et la petite d'avouer:

— Pas devant toi en tout cas!

Lucie repart. Elle a senti diminuer le désarroi de sa sœur et elle la quitte, rassurée. Sophie se cale dans le creux de l'arbre mort et ne quitte pas le fort des yeux, attendant que le soir tombe.

Bientôt, les envahisseurs abandonnent la forteresse. Ils font beaucoup de bruit, le clairon de Luc retentissant, les armures s'entrechoquant. Pendant que l'armée s'éloigne ainsi vers l'horizon rougeoyant des dernières lueurs du jour, Sophie se glisse discrètement derrière le fort.

Elle enfonce quelques bouts de bois dans l'angle d'un mur et de la tour. Ce marchepied improvisé lui permet de s'élever jusqu'aux créneaux. Elle s'y agrippe. Puis, à la force des bras, elle parvient à se hisser au-dessus et culbute à l'intérieur.

Immédiatement, elle va chercher le « walkie-talkie » dans sa cachette derrière un gros bloc de neige. Courbant le dos pour que sa silhouette ne se découpe pas sur un ciel encore clair, elle détache le drapeau ennemi du mât pour l'enrouler autour du radio-émetteur. Le tout est vitement mis dans son sac à dos.

— Tout va bien, se dit Sophie, croyant son coup réussi sans le moindre ennui.

Au retour, les bouts de bois ne sont plus fichés dans le mur. Au pied de la muraille, Luc la dévisage.

— Ah, c'est toi...

Sophie est tranquillisée de le voir seul. Mais avant qu'elle ne dise un autre mot, Luc hurle brusquement :

— Attrapez-la ! Coûte que coûte.

Sa bande surgit de partout. L'échelle est placée contre le mur. Vite revenue de sa surprise, Sophie la fait tomber d'un solide coup de pied. Ti-Jacques écope de nouveau quand l'échelle bascule sur lui.

D'autres remontent par le tunnel de « sortie d'urgence ». Sophie y pousse une boîte remplie de boules de neige. Chabot n'a que le temps de sortir. La boîte le manque de peu et va se renverser dans le ravin.

Sous le regard passif des Leroux, Chabot se risque de nouveau dans le tunnel. Comme il s'y attendait, une autre boîte dévale aussitôt la glissoire. Il l'évite sans aucune peine. Elle va s'arrêter sur la première.

Chabot veut forcer Sophie à épuiser sa réserve de boîtes. Il retourne prudemment à l'entrée du tunnel. Plus rien n'en sort. Le reste de la bande arrive par l'échelle et pénètre dans le fort... vide.

— Là ! crient en chœur les jumeaux.

Sophie s'était dissimulée dans la seconde boîte. Du fort, Luc se lance à sa poursuite avec l'élan que lui procure l'utile glissoire. Georges Leroux passe à un cheveu de provoquer un autre carambolage, l'idée de s'enlever du chemin lui venant un peu tard.

— On lui coupe le chemin du village. Mettez-vous en ligne !

Sophie arrête sa course et se jette dans un creux sous un sapin. Elle a compris son erreur. Elle ne court pas dans la bonne direction.

C'est clair. Maintenant, ils vont la repousser vers l'autoroute et elle se retrouvera prise au piège contre la clôture ; de toutes parts, les faisceaux de nombreuses lampes de poche fouillent la pénombre.

Cependant, si les lampes de poche piquent l'intérêt des poursuivants par le sérieux qu'elles confèrent à la manœuvre, elles diminuent aussi leur capacité de scruter la noirceur. Leur lumière crue rend la neige éblouissante. Puis, de temps à autre, ils s'aveuglent en voulant vérifier leur position. En conséquence, tous ont les yeux plissés et ne voient rien en dehors du rayon des lampes.

Sophie le sait. Elle espère qu'ils ne la verront pas. Par malchance, Georges Leroux, reconnaissable à son odeur de pétrole, arrive droit sur elle. Avant qu'il ne la découvre, Sophie lance un cri terrifiant et fonce sur lui. Pris de peur, Georges croise les bras au-dessus de sa tête. Sophie lui vole sa lampe et tourne les talons. Toute la bande converge vers elle.

Georges abaisse les bras, se demandant où est passée sa lampe. Henry le rejoint. Tandis que la bande défile à la course, Luc lui décoche :

— T'es juste un peureux, Leroux.

Alors les jumeaux prennent le chemin de la maison en maugréant.

— J'suis tanné de ce jeu-là... on se fait tout le temps chialer après. Puis, en plus, on est en retard. On va encore se faire chicaner à la maison !

Sophie court entre les arbres. La route et la clôture sont devant elle. Sans hésiter, Sophie vire à droite. Elle se souvient qu'un ouvrage d'écoulement des eaux passe sous l'autoroute. C'est sa dernière chance d'échapper à Luc.

Elle masque la lampe de poche à l'aide de son foulard et s'y engage. L'endroit est bien angoissant. Des glaçons de toutes tailles pendent du plafond. Elle doit marcher à quatre pattes. Ce long tuyau de béton amplifie les sons et rend terribles les voix de ses poursuivants. Elle les entend d'abord s'étonner de sa disparition, puis découvrir ses traces.

Derrière elle, les rayons des lampes commencent à battre l'air glacial, à rebondir sur le ciment des parois. Sophie se dépêche. Tant pis si elle fait du bruit en cassant des glaçons.

Les derniers mètres du tuyau sont de plus en plus obstrués par la neige. Sophie doit enlever son sac à dos tant le passage se rétrécit. Ses poursuivants sont tout près. Ils la rejoignent.

Un dernier effort et Sophie réussit à sortir. La charrue qui dégage la route a fait glisser un gros bloc de neige juste au-dessus du tuyau. Un peu plus et elle aurait bloqué la sortie. Sophie monte derrière, s'arc-boute et le fait descendre d'une poussée de ses deux jambes. Puis elle reprend tranquillement son sac à dos. De l'issue bloquée s'échappent les ordres et contrordres que Luc vocifère. Sans plus se presser, Sophie retourne chez elle. Elle devra faire un fameux détour. Qu'importe, la soirée en vaut la peine!

CHAPITRE 12

Jeanne veut ranger une boîte au sous-sol, dans la pièce que ses filles se réservent. Or Sophie y tient une réunion importante. Lucie se dresse devant sa mère :

— On ne passe pas ! C'est une réunion super-ultra-secrète, j'ai des ordres : personne peut entrer. Es-tu une personne ?... Oui ? Le cas est réglé !

Jeanne laisse la petite espiègle exécuter son numéro et n'insiste pas. Elle tend la boîte à Lucie. Après tout, sa fille peut bien la ranger à sa place et puis, on sonne à la porte. Jeanne retourne à l'étage.

Sophie a convoqué les garçons afin de discuter d'une stratégie pour reprendre le fort. Bien entendu, elle n'a pas raté l'occasion de dévoiler ses prises et de raconter comment elle a réussi à échapper à la bande de Luc.

Les garçons ont bien été obligés de reconnaître la valeur de son coup de main. Leur moral s'en est trouvé si relevé que Jean-Louis en a oublié ses propos de la veille. La fille a retrouvé l'estime de tous. À partir de ce jour, les garçons n'oseront plus jamais douter d'elle.

Tout est pour le mieux, même si l'état de Cléo préoccupe beaucoup Pierre. La chienne reste allongée devant sa cabane et refuse même de manger. En plus, Cléo devient agressive à l'approche de quiconque.

On va reprendre les discussions tactiques quand le petit frère de François les interrompt une seconde fois en cognant contre la vitre du soupirail. De quelques phrases vietnamiennes bien senties, François le renvoie prestement ailleurs.

Mais voici Georges Leroux qui les observe de l'entrée de la pièce.

— T'es pas gêné, toi ? Qu'est-ce que tu fais-là ? lui dit-on sèchement.

Le pauvre Georges est tout apeuré de se retrouver dans l'antre de ses farouches ennemis. Pour justifier son audace, il explique que Jeanne lui a permis de descendre les rejoindre.

— C'est bien ma mère, ça !! Qu'elle est donc irresponsable ! s'exclame Lucie, les yeux au ciel.

Puis elle prend une mine suspicieuse pour mieux se moquer de l'intrus :

— Ton frère est pas là ? Dis-moi pas que tu sors tout seul ?!

Georges la rassure. Son frère n'est pas loin ; il monte la garde dehors, même s'il n'y a rien ni personne à surveiller.

— Luc m'a donné un message pour vous autres...

Georges se montre indécis et s'arrête de parler. Craintivement, il déplie le drapeau des dissidents. Il a été tout gribouillé et rendu ridicule. Une provocation !

Georges se voit confier une réplique à faire pâlir d'envie Cambronne et son célèbre mot. Avant de partir la rapporter à son chef, il implore Sophie de lui remettre sa lampe de poche.

— Pour commencer, j'vais finir d'user les batteries, lui promet-elle.

Lucie s'occupe ensuite de l'expulser et constate au retour que Georges a une bien « drôle d'odeur de gaz ».

Sans autres interruptions, un plan infaillible est concocté. Il suffit de s'emparer de la vieille grange. Luc viendra au secours de son quartier général et, pendant qu'il sera en route, ils iront reprendre le fort en se cachant par le ravin. Et voilà !

Envahir la grange ne présente en effet aucune difficulté. Bien qu'une sorte de monstre bizarre se dessine dans les airs, ne laissant voir qu'une bouche énorme et des yeux gros comme des ballons. Incroyablement, cet être fabuleux les accueille d'une voix forte et grave.

— Bonjour, Valeureux Guerriers ! La paix soit avec vous !

On a vite découvert qui se cache derrière le « monstre » : Guy-la-lune et Daniel Blanchette, son cousin de Victoriaville en visite pour le reste des vacances. Les deux compères, grimpés sur l'entre-toit de la grange, jouent avec toutes sortes d'objets suspendus par des fils de canne à pêche. Le porte-voix de l'oncle de Jacques sert à donner la parole à la marionnette géante ainsi faite.

En son absence, Luc les a nommés « concierges », disent-ils. On les charge maintenant de prévenir Luc de se dépêcher s'il veut récupérer son quartier général intact.

Guy est bien déçu, il pensait la guerre finie. Daniel Blanchette est

Guy-la-lune et Daniel Blanchette, de Victoriaville, déçus que la guerre ne soit pas terminée

enchanté de faire de nouvelles connaissances. Il tend la main à chacun et se présente en répétant :

— Daniel Blanchette, de Victoriaville.

Têtu comme une mule, il refuse obstinément de se départir du porte-voix. Luc le lui a confié et ne veut pas que qui que ce soit d'autre y touche.

Les deux émissaires partent vers le fort. Tandis qu'ils prennent de l'avance, on fait rapidement main basse sur tout ce qui peut s'entasser sur un traîneau. Des armes, des boîtes à lunch, une longue-vue, deux briquets, un gros sac de chips, etc.

Tandis qu'ils courent les bras chargés, une planche se déplace sous leurs pas et découvre un sac de plastique. Sophie le remarque. Elle se penche, curieuse de savoir ce qu'il contient.

Arrivé à mi-chemin, Guy-la-lune bifurque vers le trou-à-crapaud. On donne ce nom à une tranchée profonde de deux mètres, vestige de travaux d'irrigation laissés en plan. Guy a résolu d'arrêter la guerre. Il s'agrippe au bras de Daniel et à des tiges d'arbustes afin d'y descendre. Son cousin s'inquiète :

— Va pas là, c'est dangereux. Tu pourras plus remonter !

Dès qu'il est au fond, Guy demande à son compagnon d'alerter les deux clans : il est tombé et s'est blessé sérieusement. Daniel se serait pourtant contenté de son rôle de messager. Il ne comprend pas bien l'idée de Guy. Tant pis ! Il lève le porte-voix et commence à répéter inlassablement, sur le ton d'un gérant d'épicerie annonçant les spéciaux du jour :

— TI-GUY EST TOMBÉ DANS UN TROU, IL S'EST FAIT TRÈS MAL. TI-GUY EST TOMBÉ...

Tant au fort qu'à la grange, tous s'arrêtent pour écouter cette information inattendue. Sophie a ouvert le cahier de Luc et compris tout de suite qu'il s'agit de son journal. Discrètement, elle le replace dans sa cachette sans que personne s'en aperçoive.

Au fond du trou-à-crapaud, Guy s'installe et essaie diverses postures pour trouver celle qui convaincra le mieux de son état critique. Il désire que son cousin le proclame mort.

— GUY EST MO... ils croiront jamais ça ! s'objecte Daniel.

— Peut-être bien, pense Guy.

Il concède ne pas être vraiment mort mais presque mort. Daniel prend une expression de désaccord profond et attend qu'il en vienne à une suggestion plus vraisemblable.

— J'suis juste assommé. Mais je grouille plus, comme un mort, essaie encore Guy.

— IL EST ASSOMMÉ. IL GROUILLE PLUS DU TOUT. C'EST TOUT !

— Comme un mort ! insiste Guy.

Mais Daniel refuse absolument d'ajouter ce détail trop macabre à son goût.

— Dis qu'ils apportent une échelle.

— TI-GUY FAIT DIRE D'APPORTER UNE ÉCHELLE !

— Ben non ! C'est toi qui dis ça, pas moi !

— UNE ÉCHELLE PUIS DES PANSEMENTS !

Daniel fait un clin d'œil entendu. Guy est comblé et il encourage son cousin à continuer dans cette veine. Daniel ne se fait plus prier ; lancer des appels de détresse commence à lui plaire pour de vrai !

Malgré qu'ils soupçonnent fortement que tout cela soit un piège tendu par l'ennemi, les deux clans se portent au secours du catastrophé. Luc prend tout de même la précaution de laisser Ti-Jacques à la garde du fort.

Daniel les voit venir. Il avertit Guy qui s'est enfin trouvé une posture tout à fait pathétique. Placé entre les deux groupes, Daniel continue d'annoncer un bulletin de santé déclinant. France se demande si Guy ne fait pas le mort, comme d'habitude.

— NON, NON ! IL S'EST FAIT MAL POUR VRAI !... PAROLE D'HONNEUR !

Et Daniel crache par terre pour faire comme il se doit.

Alors on s'approche en restant sur le qui-vive, au cas où ce serait une « tactique de traître ». Deux rangées de visages inquiets s'inclinent au-dessus de la tranchée. Les yeux à moitié retournés, Guy ajoute une grimace à sa posture toute croche. Puis, la voix pâteuse, il demande :

— C'est qui ça... où c'est que j'suis là ?

La comédie de Guy-la-lune est prise au sérieux. Les clans ennemis en oublient leur rivalité, et conseils, questions, exclamations fusent en un brouhaha anxieux.

— T'es blessé ? Peux-tu bouger ? Non, bouge pas ! Dépêchez-vous avec l'échelle ! As-tu froid ? En tout cas, il est pas mort, il a parlé !

Sitôt l'échelle mise en place, les leaders de chaque clan descendent auprès du blessé. Sophie lui demande ce qu'il a et se fait murmurer quelque chose ressemblant à « J'gnoux ».

Sophie lui tâte les genoux délicatement, à la recherche d'elle ne sait quoi. Luc prend le blessé par les épaules, voulant lui assurer une position plus confortable. Ti-Guy se met aussitôt à crier : « Aïe, aïe, aïe ». Sophie ôte ses mains comme sous l'effet d'une brûlure et s'écrie, tout énervée :

— Quoi ? J'ai pas pesé fort !

— Non, c'est moi, je voulais le placer mieux ! lui avoue Luc avec embarras.

— Faut pas bouger un blessé ! lui reproche Sophie.

— J'ai mal au bras, intervient Guy.

— C'est le genou ou le bras ? Décide-toi !

— J'ai mal à la tête. Je suis étourdi !

Sophie est confondue. Luc n'en mène pas large non plus. Au-dessus d'eux, les deux groupes s'entremêlent en échafaudant de savantes opinions sur les blessures indéfinissables de Guy-la-lune.

— Il doit avoir une motion cérébrale, dit Georges.

— Une commotion vertébrale, corrige Henry.

France entend les jumeaux mais renonce à élucider leur vocabulaire médical. Elle s'intéresse plutôt au cousin du malade. Il n'est pas du tout anxieux et sourit même. Daniel a bien du mal à garder secrète l'astuce imaginée par Guy.

Il s'approche de France et lui souffle quelques mots à l'oreille. Elle prend une expression stupéfaite. Daniel crache par terre et dit à voix basse: « Parole d'honneur! » Un sourire naît tout doucement sur les lèvres de France.

De bouche à oreille, le secret de Daniel fait silencieusement le tour du trou-à-crapaud, allumant des regards amusés à mesure qu'il fait son chemin. Tacitement, on s'entend pour ne rien dire aux deux chefs. C'est trop drôle de les voir s'énerver inutilement auprès du faux estropié.

— Faut le garder au chaud, recommande France.

— Non, non. Faut le mettre sur la glace, contredit Lagacé, autrement il va enfler comme une baloune.

— Comment t'as fait pour tomber là, mon Ti-Guy, demande Chabot feignant la naïveté.

— Quelqu'un a dû faire un piège. Tu sais, une attrape, pour qu'y tombe dedans, suggère Pierre.

Chabot et Pierre reculent d'un pas et vont rire hors de vue des chefs. Ti-Jacques arrive nez à nez avec eux. Ne voyant personne revenir, il a abandonné la garde du fort. On lui explique ce qui se passe et lui aussi se permet de taquiner les soigneurs improvisés.

— C'est dangereux ça. Faudrait faire des lois contre les pièges, hein, Luc ?

— Pareil comme une convention de Geneviève, conclut le très érudit Georges.

— On devrait continuer à sauver des blessés graaaaves comme Ti-Guy, c'est encore plus drôle que la guerre, dit Chabot.

— Tu les trouverais où, tes blessés graves ?

— On a juste à faire d'autres pièges, suggère très sérieusement Lucie.

Les chefs froncent les sourcils. Qu'est-ce qu'ils ont tous à rigoler ? Un doute leur vient à l'esprit. De qui se moque-t-on ? D'un coup de coude, Sophie indique à Luc de se retourner, le blessé a de plus en plus de mal... à ne pas rire trop fort.

Alors ils remontent vers l'échelle. Sophie se sent soulagée, préférant de beaucoup une blague à un véritable accident. Par contre, Luc est d'une humeur massacrante. Il ne supporte pas de perdre la face.

Dès qu'il voit Ti-Jacques, il l'apostrophe méchamment parce qu'il a abandonné sa garde du fort. Quand Guy veut remonter du trou-à-crapaud, Luc enlève vivement l'échelle :

— Toi, le mort, tu peux bien rester dans ton trou !

France n'aime pas du tout que Ti-Jacques se laisse traiter aussi rudement.

— Laisse-toi pas faire, Ti-Jacques, t'es pas son esclave.

Ces mots viennent à point. Pour Luc aussi d'ailleurs. L'intervention de France lui fait sentir qu'un vent de mutinerie souffle sur ses troupes. Leur petite moquerie leur en a donné le goût.

Il calme sa colère. D'instinct, il choisit plutôt de braver l'autre bande.

— Il va rester juste une journée de vacances, puis on n'aura même pas eu de vraies grosses batailles ! se plaint-il avec une moue et un ton accusateur.

Luc ne s'est pas avéré un fin stratège sur le champ de bataille, mais quand il s'agit de parlementer, il n'y en a pas un comme lui pour manipuler ses vis-à-vis.

Jean-Louis tombe dans le panneau instantanément. Offensé, il lance avec dédain :

— Tu dis ça parce que tu les perds toutes !

Vexés à leur tour, les jumeaux protestent qu'ils ne perdent pas tant que ça ! De réplique en réplique, les esprits s'échauffent, l'adversité renaît, les camps se reforment derrière Luc ou Sophie. De défi en défi, le programme du lendemain s'élabore. Tous les précédents combats ne comptent plus. La prochaine bataille décidera du sort de la guerre. Et puis pas de trucs, pas de ruses. Une bataille rangée, un corps-à-corps pour que la victoire soit évidente, complète, totale !

Sophie commence à bien connaître Luc. Elle n'est pas dupe de sa méthode.

Le prenant au mot, elle lui glisse, au moment opportun :

— Si les autres batailles sont effacées, ça veut dire qu'on reprend le fort !

— Ouais, on vous le redonne votre petit fort niaiseux ! rétorque-t-il, pris à son propre jeu.

C'est ainsi que les bandes se retirent chacune de son côté, dans une escalade verbale grandissante. Maranda s'inquiète bien à son chef. Comment compte-t-il reprendre le fort ? Le butin de guerre risque d'être perdu. Énigmatique, Luc le rassure, il a son idée. Une vraie bonne idée !

— C'est pas fini, la guerre ! confie Daniel, la mine basse, à son cousin, qui essaie de grimper hors du trou-à-crapaud.

Dorénavant, au village, on appellera cet endroit le trou-à-la-lune et parfois le tombeau-des-chefs, peut-être pour se rappeler une bonne blague.

CHAPITRE 13

Le jour de la grande bataille est arrivé. La vieille Cléo est allongée devant sa cabane, plus morose que jamais. Pierre se penche sur sa grande malade et lui caresse la tête.

— Essaie de manger un peu... Faut que j'aille au fort, j'suis en retard... J'aimerais ça t'emmener, mais tu grognes après tout le monde... Je vais revenir te voir tout à l'heure. Bye!

Cléo n'a pas bougé. Maintenant que Pierre s'éloigne à grands pas, la chienne émet une lamentation triste et faible.

Le soleil commence à peine à s'élever au-dessus de l'horizon. Gravissant une pente, quatre silhouettes se profilent sur sa lumière orange. Luc porte son étincelant clairon, suivi de Chabot, Lagacé et Ti-Jacques. Ils vont derrière les maisons du village emprunter ce sentier dessiné par de fréquents passages vers la terre des Solis.

France les rejoint avec ses recrues. Tous lèvent des épées de bois et les cognent contre leurs boucliers pour se saluer. Henry et Georges arrivent ensuite au pas de course. Un moteur pétarade tandis qu'un engin bizarre monte de derrière un banc de neige et s'abat lourdement sur la pente. À l'aide de boîtes de carton, Maranda a transformé sa motoneige en un vaisseau spatial dernier cri. Il s'est même confectionné un tableau de bord réaliste en fixant ensemble tous ses jeux électroniques.

Cléo voit passer au loin cette colonne en armes. Cette activité agace ses humeurs imprévisibles. Elle grogne d'abord... puis son attitude change, elle sort de sa léthargie et tire violemment sur sa chaîne. Un déclic s'est fait dans sa tête. Tous les jeux vécus avec les jeunes du village lui reviennent en mémoire. Alors, Cléo est prise d'un désir irrésistible de les rejoindre et elle tire avec acharnement sur la chaîne qui l'en empêche.

La colonne arrive à la grange. Il n'y a personne, semble-t-il... Soudain surgissent, du bâtiment et de derrière chaque arbre, vingt, trente guerriers. Ils lancent un joyeux cri de guerre et brandissent leurs épées.

Un groupe encore plus nombreux de soldats achève de sortir de la grange. Ils sont plus jeunes, timides et moins bien nantis en accessoires guerriers. C'est l'armée de mercenaires que Luc a rassemblée dans la certitude de faire crouler ses adversaires sous le nombre.

Chabot et France apportent une boîte que les apprentis suivent avidement des yeux. Luc distribue à chacun une solde de trois gommes et un rouleau de pastilles sûres. Ce n'est qu'un acompte. Il réexplique les termes du contrat...

— Après la bataille, vous aurez deux autres rouleaux de pastilles. Les meilleurs, une tablette de chocolat en plus. Puis le premier à entrer dans le fort...

Luc ouvre la bouche, hésite un peu pour les faire languir d'envie...

— Trois tablettes de chocolat!

— Waouh! s'écrie la meute.

Luc donne ses dernières instructions à sa bande

Dans son emportement, l'un d'eux échappe une gomme dans la neige. Il pleurniche et exige de l'échanger pour une propre.

Henry demande à Luc quelles seront leurs récompenses à eux, les réguliers.

— Vous vous battez pour l'honneur! lui répond-il.

— Pour l'honneur! reprend Ti-Jacques.

Mais Henry pense tout de même que du chocolat, c'est mieux.

De son clairon, Luc sonne le départ. L'armée s'ébranle. Chacun savoure le sentiment de force qui émane de cette nombreuse troupe. Luc, pour la première fois aussi, ressent clairement l'impression de puissance du chef adulé. Une certaine inquiétude l'habite cependant. Il se sent responsable et il a peur de décevoir sa bande.

Un petit mercenaire, équipé seulement d'une pelle, s'approche de Luc en souriant. C'est le jeune frère de François.

— Les trois tablettes, c'est moi qui vas les avoir. J'vais être le premier dans le fort, affirme-t-il avec résolution.

Les troupes exultantes vont au combat, tirant allègrement toutes leurs machines de guerre, leurs provisions et munitions. Les mercenaires emboîtent le pas en arrière-garde. Ils traînent quelques jouets dérisoires à défaut de machines de guerre plus sérieuses.

Cléo s'est montrée infatigable. Elle s'aide de tout son poids et finit par arracher du mur l'anneau de sa chaîne. Sitôt libre, elle s'élance dans une course folle.

Les sœurs Tremblay se faufilent en zigzag entre les arbres. Elles glissent à skis pour devancer la progression de l'armée. À bord de son vaisseau spécial, Maranda les poursuit et se laisse entraîner dans un labyrinthe de troncs. Son engin se coince entre deux arbres trop rapprochés.

— Les v'là ! crie Sophie en arrivant au fort. Ils ont des échelles, des catapultes, puis y sont au moins cent !

Les défenseurs regardent venir la première vague d'assaut se dissimulant d'arbre en arbre, juste à l'orée du bois. Avec appréhension, ils voient l'impressionnante armée foncer sur eux aussitôt que Luc sonne la charge. Mais ils se détendent quand ils voient leur course tourner au ridicule. Les mercenaires sont bloqués par le petit mur de la cour extérieure du château. Les plus grands reviennent sur leurs pas, obligés de les soulever par-dessus.

Ce contretemps passé, Luc déploie son armée et positionne ses catapultes malgré le désordre anarchique régnant chez ses mercenaires. En effet, ceux-ci courent en tous sens et se tirent des boules les uns aux autres, puisqu'ils ne peuvent atteindre le fort, trop haut pour eux.

Seul le frère de François, brave petit mercenaire à la pelle, a une idée bien arrêtée en tête. Il va directement vers la base du château fort et commence à creuser un tunnel sous la muraille.

François n'en croit pas ses yeux. Même ses mots vietnamiens aigres-doux n'ont plus d'effet sur son frère. Les boules de neige n'entament pas plus son entêtement... Bientôt, on l'oublie à son impossible ouvrage, certain qu'il ne peut arriver à rien.

En passant par un fossé, Cléo accroche sa chaîne à une clôture. Elle jappe et se débat. Les bruits de l'affrontement lui parviennent mais couvrent aussi ses aboiements. Alors Cléo se démène à s'en épuiser.

La bataille gagne en intensité et en confusion. Luc doit à tout moment consoler les mercenaires qui se font mal. Les rouleaux de pastilles calment quelques bobos... et, maintenant, une horde de tout petits mercenaires s'accrochent à lui, attirés par les bonbons. D'autres veulent souffler dans son clairon. Où qu'il aille, quoi qu'il fasse, Luc les a dans les jambes.

Maranda finit par rejoindre l'armée avec son vaisseau spatial tout amoché. Il est immédiatement envahi par une meute de mercenaires touche-à-tout, appâtés par les gadgets électroniques.

Le petit mercenaire à la pelle est disparu dans le tunnel qu'il creuse sans relâche.

— J'vais les avoir, mes tablettes, se répète-t-il pour s'encourager.

Chabot se retrouve, lui aussi, avec une dizaine de mercenaires qui le suivent. Il tente de leur expliquer d'attaquer par le côté.

— Le flanc gauche !

Ensemble, les petits mercenaires s'exclament :

— Flanc ? C'est quoi ça, un flanc ?

Ailleurs, un mercenaire tient sa petite épée de caoutchouc entre ses dents et grimace de redoutable manière. Un confrère mercenaire essaie en vain de l'imiter : son épée à lui est en bois et il ne récolte qu'un mal de dent.

À distance, Guy-la-lune est venu observer le déroulement du combat, tandis que son cousin s'avance tranquillement sur le champ de bataille, un appareil-photo en main.

— Daniel Blanchette, de Victoriaville, se présente-t-il poliment à tous les guerriers qu'il rencontre.

Puis il leur demande la permission de les photographier. Évidemment, on est ravi de lui faire plaisir. Daniel va ainsi d'un groupe à l'autre prendre ses clichés.

Dans son empressement à repousser une échelle, Lucie tombe avec elle hors du fort. Elle profite de la cohue pour aider un groupe de mercenaires à lever une autre échelle, puis elle monte à la tête des assaillants. Dès qu'elle remet le pied dans le fort, elle culbute l'échelle, au grand étonnement de ceux qui la suivaient.

Toutefois, des grappes d'envahisseurs s'accrochent aux murs et commencent à déborder à l'intérieur du fort. C'est un abordage digne de Trafalgar, un assaut rivalisant avec celui de Fort Alamo.

Un flot d'adversaires forcent Sophie à se réfugier dans la tour de guet. Jean-Louis, François, Pierre et Lucie se fraient un chemin jusqu'à la tour. Les défenseurs s'y retranchent. Dos à dos, ils ne permettent plus à l'ennemi d'avancer d'un pas.

Ti-Jacques saute dans l'enceinte en jetant son cri le plus terrible. Il défonce ainsi le plancher de la forteresse et va rejoindre le petit frère de François dans son tunnel.

— Je l'ai eu ! J'ai gagné, j'veux mon chocolat ! fait ce dernier en entrant dans le fort.

Guy-la-lune découvre Cléo. Il se dépêche de détacher la chaîne de son collier mais ne peut la retenir. Elle trotte lourdement vers le fort et entre dans le tunnel du mercenaire à la pelle. Haletante et affaiblie, la chienne s'arrête là. Des plaques de neige tombent du plafond, qui menace de

s'effondrer sous le poids d'une légion de combattants.

Pierre entend Cléo aboyer. Il a le pressentiment qu'un danger menace la chienne. Il se débat avec fureur pour se dégager de ses assaillants. Il appelle Cléo, la cherche des yeux.

Un cri d'alerte retentit, le plancher du fort et un pan entier de la muraille s'écroulent.

— Le fort est tombé sur Cléo, gémit Guy-la-lune, qui avait fini par repérer la malheureuse bête juste avant la catastrophe.

À mesure que la nouvelle de l'accident se propage, les combats s'arrêtent. Sophie, Luc et tous les autres accourent aider Pierre. Ils écartent les blocs de glace de leurs mains, avec l'énergie du désespoir.

Mais Cléo est dégagée trop tard. Elle est morte. Pierre est consterné. Il tient la tête de Cléo contre ses cuisses, promenant à la ronde des yeux implorants. Un moment se passe en un silence désolé. Tous promènent des regards humides de Pierre au corps de la chienne. Personne ne sait comment lui dire que sa douleur est partagée.

— Il faut l'enterrer, dit Lucie la gorge serrée.

Comment faire? La terre est gelée. Ti-Jacques trouve la solution.

— On va l'enterrer dans la grange, dit-il catégorique et sans consulter son chef.

Mentalement, Luc a le réflexe de remettre Ti-Jacques à sa place. Pourtant, il n'en fait rien. Il comprend le retournement qui se fait chez son soldat le plus fidèle. Dorénavant, Ti-Jacques ne se laissera plus mener. Et puis son idée est la meilleure. À la grange, une petite fosse est déjà creusée sous le foin. Le butin de guerre y est caché. C'est le seul endroit où l'on puisse enterrer Cléo.

La chienne est déposée sur un traîneau. Puis on la recouvre des drapeaux de chacun des clans. Par hasard, leurs dessins se complètent. Il semble que cet événement dramatique réunisse jusqu'aux symboles des camps adverses.

Ensuite, une longue procession se rend lentement jusqu'à la vieille grange. Toujours en silence, des visages graves et chagrinés conduisent Cléo à la fosse, où elle est déposée avec ce butin auquel personne n'a droit, puisqu'il n'y a pas de vainqueur, seulement une victime.

Lucie et Sophie placent leurs armes de chaque côté de Cléo. Sophie défait le collier de la bête et le porte à Pierre.

— Tu vas avoir un autre chien, un jour, dit-elle en espérant le consoler un peu.

— J'en veux plus jamais de gros chien épais comme Cléo! réplique Pierre les yeux en larmes.

Il se sent tellement démuni. C'est si injuste. Inacceptable. Ses sentiments se pressent dans sa tête, se gonflent de douleur sans qu'il trouve moyen de s'en soulager.

Le geste des sœurs Tremblay est imité par les guerriers. Ils vont aussi déposer leurs armes au pied de Pierre, sur le corps de Cléo. Luc sort son canif et tranche les pompons rouges de son clairon. Il les jette près de Cléo.

— J'jouerais bien le salut aux morts, mais j'le sais pas assez... j'vais le pratiquer, puis j'vais revenir le jouer.

Sophie approuve Luc d'un simple regard d'amitié. En retour, il sourit, heureux que l'adversité du jeu de guerre disparaisse pour de bon. C'est aussi ce que pense Guy-la-lune quand il déclare avec une allure de philosophe désenchanté :

— Ça y est, la guerre a fini par finir pour le vrai !

*

* *

C'est ainsi que Cléo a connu des funérailles dignes d'elle. Dès qu'on l'a recouverte de terre, un esprit nouveau est né parmi tous les jeunes du village. Une sorte d'amitié plus profonde, de tolérance. Plus jamais, la vieille grange n'a été le quartier général d'aucune hostilité. Elle est devenue la maison de Cléo.

Mais alors que chacun retournait chez soi, Jean-Louis a remarqué que

Pierre se dirigeait vers le fort. Cela l'a inquiété. Il l'a suivi avec François, tandis que Lucie est allée à la recherche de sa sœur pour l'avertir de rejoindre les garçons.

Luc, quant à lui, est resté dans la grange. Il a sorti son cahier de sa cachette et s'est aperçu qu'il avait été ouvert. Un bruit lui fait lever les yeux. Sophie est là, à l'entrée de la grange.

— Je voulais te dire merci.

Luc ne dit rien. Il pense à son journal. Une intuition lui dit que Sophie en a découvert l'existence.

— L'as-tu lu? demande-t-il sans agressivité.

— Non... pas encore répond Sophie devenue complice.

Lucie les a rejoints à cet instant.

— Pierre est allé au fort!

Mais pourquoi? Eux aussi s'inquiètent. Ils se dépêchent de se rendre au château.

Pendant ce temps, Pierre était monté au plus haut de la tour. En donnant des coups furieux, il cassait les créneaux.

— Ouf, ça fait du bien! dit-il à Jean-Louis.

Il avait trouvé le moyen de calmer son chagrin. Jean-Louis en avait envie lui aussi, ils se sont mis à taper sur les murs de neige ensemble.

François cependant était resté au-dehors, incertain de ses pensées. Pourquoi massacrer son beau château fort? Et tout le travail qu'on y avait mis! C'était pas possible.

Lucie, Luc et Sophie sont arrivés en courant.

— Viens, François! Tu nous en feras d'autres constructions, c'est pas grave!

François a hésité encore un peu... puis il a grimpé dans le fort en criant un joyeux

— Yaoûûûûû! Laissez-moi-z-en!

La destruction du fort a été systématique. La violence du début a rapidement fait place à l'amusement, au plaisir, à un rire commun retentissant par-dessus le bois des Solis et au fond de ses ravins.

Et les six amis ont rasé la forteresse jusqu'au sol, afin qu'elle s'agrandisse dans leur mémoire et que la vie continue.

Le 10 septembre 1984.

Dans la même collection

Contes pour tous

1 LA GUERRE DES TUQUES, Danyèle Patenaude et Roger Cantin

2 OPÉRATION BEURRE DE PINOTTES, Michael Rubbo

3 BACH ET BOTTINE, Bernadette Renaud

4 LE JEUNE MAGICIEN, Viviane Julien

5 C'EST PAS PARCE QU'ON EST PETIT QU'ON PEUT PAS ÊTRE GRAND, Viviane Julien

6 LA GRENOUILLE ET LA BALEINE, Viviane Julien

7 LES AVENTURIERS DU TIMBRE PERDU, Michael Rubbo

8 FIERRO… L'ÉTÉ DES SECRETS, Viviane Julien

9 BYE BYE CHAPERON ROUGE, Viviane Julien

10 PAS DE RÉPIT POUR MÉLANIE, Stella Goulet

11 VINCENT ET MOI, Michael Rubbo

12 LA CHAMPIONNE, Viviane Julien

13 TIRELIRE COMBINES ET CIE, Jacques A. Desjardins

14 DANGER PLEINE LUNE, Viviane Julien

15 LE RETOUR DES AVENTURIERS DU TIMBRE PERDU,Viviane Julien

16 VIENS DANSER… SUR LA LUNE, Viviane Julien

17 LA FORTERESSE SUSPENDUE, Roger Cantin

18 MON PETIT DIABLE, Sonia Sarfati

19 RÉGINA !, Patrick Leimgruber

20 UN ÉTÉ AVEC LES FANTÔMES, Sonia Sarfati

21 DANIEL ET LES SUPERDOGS, Sonia Sarfati

Sélection « Club la Fête »

LE MARTIEN DE NOËL, Roch Carrier

Transcontinental
IMPRESSION
IMPRIMERIE GAGNÉ

IMPRIMÉ AU CANADA